LEOPARD PLANT
ツワブキ

奥野　哉 著

栽培管理・育種・歴史・多様な変異形質がわかる

誠文堂新光社

巻頭言

　奥野哉さんがとうとう念願の書籍「ツワブキ」を完成された。ツワブキは日本原産で庭園や町中で普通に見かけるなじみ深い植物である。しかし大多数の人々にとっては、この植物に変わり物がたくさんあり、しかもそれらが日本人だけの手によって作り出されてきた典型的な古典園芸植物のひとつである、という事実は残念ながら知られていないようである。また、ツワブキだけを取り上げたような園芸書も見あたらないようである。そういう意味で、本書は画期的かつ歴史的な意義を持つ書であると言ってよいであろう。

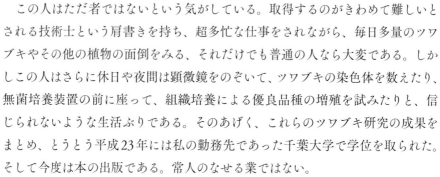

　奥野さんとは、卒業生で富山県中央植物園に勤務している神戸敏成さんから紹介されたのがきっかけで知り合い、もう20年近くの付き合いになる。その時は、植物園が海外から珍しい植物を導入する際に、奥野さんを通じて行っているということであり、その方面の変わった専門家だと思っていた。しかし、奥野さんがきわめて多能多彩多芸の人であることを、付き合ってすぐに悟ることとなった。私自身は取り立てて目立つような才能はないから、この人を見ていると本当にうらやましくなる。そんな人である。

　この人はただ者ではないという気がしている。取得するのがきわめて難しいとされる技術士という肩書きを持ち、超多忙な仕事をされながら、毎日多量のツワブキやその他の植物の面倒をみる、それだけでも普通の人なら大変である。しかしこの人はさらに休日や夜間は顕微鏡をのぞいて、ツワブキの染色体を数えたり、無菌培養装置の前に座って、組織培養による優良品種の増殖を試みたりと、信じられないような生活ぶりである。そのあげく、これらのツワブキ研究の成果をまとめ、とうとう平成23年には私の勤務先であった千葉大学で学位を取られた。そして今度は本の出版である。常人のなせる業ではない。

　奥野さんがツワブキに関心を持ち始めたのは30年以上前のことで、それ以来ずっとこの植物に関心を寄せてきたという。この間、趣味の領域を大きく越えて、学術的にも貴重な業績を沢山残されている。まず、全国に分布する野生株および栽培品種についてその染色体数を調べ、減数分裂の詳細な観察を行うことによって、この植物がきわめて安定した60本の染色体数を持つことを確認した。また、育種を行う上では、その個体や品種が交配によって正常に子孫を残せるかどうかをあらかじめ知ることが大事である。そのために雄の配偶子である花粉

が正常であるかどうかを、野生株やすべての園芸品種について、花粉の充実具合を染色することによって確認するという作業を行った。地道な仕事ではあるが、これによって、交配育種の作業を効率よく行うことができるようになり、結果的に多くの新品種を開発することに結びついた。これらの品種は今では専門家や趣味家の人たちの大きな注目を集めている。なかでも毛隈などの新しい形質を作出したことは特筆に値する成果である。多くの新たな変異個体を得るためには、交配親の選択が鍵となる。奥野さんの作出した多くの品種は、豊富な交配経験とその結果の記録や解析が基になっている。忙しい中でこういう作業をきちんとこなせる人はそうそういるものではない。さらに最近では、今までにない品種開発手段として、種間雑種の作出や染色体倍加の研究にも取り組んでおり、今後の育種成果が期待されている。

　奥野さんの業績はツワブキの植物学的な面だけでなく、園芸品種の分類や栽培にも及んでいる。本書でくまなくその全貌が紹介されているように、ツワブキには多種多様な葉や花の形態や斑入りなどの変異がみられる。奥野さんはこれらの変異形質について、従来の分類や呼称などを整理しながら、独自の人為分類体系を構築することに成功している。また、形態変異品種については、栽培環境や方法がその発現に大きく影響しているようだ。このことは絶え間ない観察と試行錯誤の努力無くしては到底わかりえないことであろう。品種独自の形質を十分現すことで、その魅力を最大限発揮させるような栽培方法については、本書の品種解説の中に随所にちりばめられている。このような栽培方法を確立したことは奥野さんの園芸家としての類い希な能力を示すものと言えよう。

　本書がツワブキに関心を持つ多くの方々の座右の書として、末永く愛され続けることを切に願っている。

平成29年4月吉日 春の息吹を感じつつ。
千葉大学名誉教授　三位正洋

ツワブキ 栽培管理・育種・歴史・多様な変異形質がわかる
目次

巻頭言　千葉大学名誉教授 三位正洋 …………………………………… 2

Chapter 1　ツワブキの歴史

文献にみるツワブキ ………………………………………………… 8
古名はツハ（ツワ）／款冬はフキかツワブキか？／ツワブキは橐吾か？

文献にみるツワブキ園芸品種 ……………………………………… 9
『本草図譜』のツワブキ／『草木錦葉集』のツワブキ／
ヨーロッパに紹介されたツワブキの園芸品種／北村四郎による学名－和名の整理／
『園藝大辭典』に載った品種群／雑誌『ガーデンライフ』に載った品種群／
『最新園芸大辞典』に載った品種群／『園芸植物大事典』に載った品種群／
最近の文献にみる品種／変異形質や品種名の変遷

Chapter 2　ツワブキの植物学

ツワブキの分類と分布 ……………………………………………… 16
1.学名の変遷／ 2.ツワブキの分布と種類／
3.ツワブキ属のもう1つの種、カンツワブキ

ツワブキの形態 ……………………………………………………… 22
1.根茎と葉／ 2.花と果実

ツワブキの細胞遺伝学 ……………………………………………… 26
1.野生ツワブキの染色体数と核型／ 2.野生ツワブキの減数分裂／
3.ツワブキ園芸品種の染色体数と花粉稔性

Chapter 3　ツワブキの変異形質と栽培品種

変異に関する用語の定義 …………………………………… 34
基礎的な用語 ／ 1.根出葉の変異 ／ 2.花柄に付く葉の変異 ／ 3.花柄の変異 ／
4.花の変異 ／ 5.種子の変異 ／ 変異に関する用語など

品種の解説 …………………………………………………… 77

Chapter 4　ツワブキの栽培管理

栽培管理 ……………………………………………………… 208
自生地の環境 ／ 苗の導入 ／ 適切な栽培管理の必要性 ／
時期による形態変化 ／ 植え替え前の処理と株分け ／ 用土 ／
植え付け ／ 肥料 ／ 日照 ／ 灌水 ／ 風通し ／ 雨避け ／ 温度 ／
病虫害の対策 ／ 葉の除去 ／ 栽培診断 ／ 耐病性・耐寒性の品種間差

Chapter 5　ツワブキの育種

育種 …………………………………………………………… 220
染色体数 ／ 親の選択と管理 ／ 花粉染色率 ／ 雌雄異熟 ／
ツワブキは他殖性 ／ 子房(母)親の管理と授粉前の袋掛け ／
花粉(父)親の管理と授粉 ／ 授粉における課題 ／ 授粉後の袋掛けと袋外し ／
簡易的な授粉方法 ／ 採種 ／ 播種と発芽後の管理 ／ 1回目の選抜 ／
2回目の選抜 ／ 3回目以降の選抜 ／ 種内交配における形質の遺伝 ／
種間交配 ／ 倍数体の作出とその特性 ／ 命名

Column 1	ツワブキを食べる	20
Column 2	ツワブキは薬か毒か	21
Column 3	集水と導水	24
Column 4	水孔からの出水	25
Column 5	ヒメツワブキ（姫石蕗）の正体	30
Column 6	ツワブキの植物画	32
Column 7	花の咲き方	66
Column 8	今も自生している白花の個体	71
Column 9	トライコーム（毛状突起）	71
Column 10	キメラ斑と非キメラ斑、斑の表記	74
Column 11	ツワブキの星斑あれこれ	206
Column 12	斑抜けの対処	218
Column 13	種間雑種	231

用語など索引 ……………………………………………… 233

品種名索引 ………………………………………………… 234

あとがき …………………………………………………… 237

引用・参考文献 …………………………………………… 238

著者紹介 …………………………………………………… 240

ツワブキ取扱店（都道府県順）
多品種を取り扱う販売店がないため、特定の品種は予約などして求めることが必要です。また最近になって作出された新品種はまだ流通量が少ないのが現状で、入手が難しい場合があります。購入しやすい品種から収集されることをお勧めします。ネットオークションで希少な品種が出品されることがあります。緑草園 〒273-0044 千葉県船橋市行田1-12-12　TEL 047-430-2260／片岡笑幸園　〒956-0045 新潟県新潟市秋葉区子成場2376　TEL 0250-22-2070／石田精華園　〒610-1128 京都府京都市西京区大原野石見町331　TEL 075-332-9176／有華園　〒598-0024 大阪府泉佐野市上之郷5046　TEL 080-3138-4696／英晃園　〒800-0231 福岡県北九州市小倉南区大字朽網691　TEL 093-472-7476

ツワブキの歴史

　キク科のツワブキ（石蕗）は中国・日本・韓国の主に海岸に分布する多年生草本である。常緑で晩秋に大型の花をつけることから鑑賞価値が高く、江戸時代には茶室の庭などで栽培されていた。ツワブキの野生株が身近で植栽される一方、自生地から斑入りや変わり葉などの自然突然変異体が見出され、栽培保存されていたことが、江戸時代の園芸書から見て取れる。そして現在では、自然突然変異体に加え、栽培株からの芽条突然変異体（芽変わり）や、それらの交配によって作出された、新しい形質を現す変異体も見られるようになり、古典園芸植物群の一角を占めるに至っている。

文献にみるツワブキ
古名はツハ（ツワ）

　ツワブキに関する最も古い記録と考えられるのが、奈良時代に編纂された『出雲国風土記（いずものくにふどき）』（733）に登場する《都波（つは）》である。現在の松江市に該当する意宇郡（おうぐん）や島根郡の海岸地域、特に島嶼部の特産品として、松や椿などとともに名前だけが掲載されている。風土記に記載されている植物は、食用、薬用、鑑賞用などの有用植物であり、特に約半数は薬草である。ツワブキも昔からこのような目的で利用されていたことがうかがえる。ちなみにフキも《蕗（ふぶき）》として記録されていることから、両者ははっきり区別されていたことがわかる。

　江戸時代になって薬草の学問である本草学が隆盛となり庶民には園芸文化が花開くと、当時栽培されていた様々な園芸植物の品種を記録し、その栽培方法を解説した園芸書が出版されるようになった。日本最古の園芸書『花壇綱目』（1681）には「つは　花黄色なり（後略）」とあって、《つは》がツワブキの名前としてそのまま1000年近く使われていたこと、花が黄色であること、江戸時代には園芸化されていたことがわかる。

　元禄時代の園芸書『花譜』（1694）では《通和（つは）》の文字が当てられ、「款冬（かんとう）の葉に似てあつく、光あり。秋黄花を開く。単葉（ひとへ）の菊に似たり。是又園末にうへて、佳趣をたすくべし。」とある。これは薬草である《款冬》の葉に似ていて、厚く光沢があり、鑑賞植物として庭園に植えられるという記述である。さらに「茎を切りて皮をさり、茹（ゆびきもの）となして食す。蕗のごとし。毒なし。河豚魚及生堅魚の毒、一切のどくをけす。すりくだき、汁をとりてのむ。甚しるしあり。（後略）」と、食用、薬用としての記述もある。著者の貝原益軒は《款冬》をフキとみなし、「是を款冬と云はあやまれり。款冬はふきなり。李時珍、食物本草を考みるべし。」と書いているが、これには異論もあって、《款冬》をツワブキそのものと考える本草学者もいた。

款冬はフキかツワブキか？

　《款冬》は中国の古い本草書に登場する中国の植物で、奈良時代には文献によってその情報が伝わっていたらしい。日本における初期の本草学は、中国の本草書にある薬草に日本の植物をあてはめる学問であったが、平安時代に深根輔仁が『本草和名』（918頃）において《款冬》は日本にあるフキと見なして《也末布々岐（やまふふき）》の名を充てている。貝原益軒は『花譜』や『大和本草』（1709）でこれに従い、日本最初の原色植物図鑑である岩崎灌園の『本草図譜』（1828）、中国最大の本草書『本草綱目』を注解した小野蘭山の『本草綱目啓蒙』（1847）、飯沼慾斎の『草木図説前編（草部）』（1862）なども《款冬》＝フキ説を採っている。ところが寺島良安が著した江戸時代の百科事典『和漢三才図会』（1712）ではツワブキに《豆和（つは）》の文字を充て、これを《款冬》とみなし、《蕗》との相違を解説している。江戸時代の本草学者の間で《款冬》をフキとするかツワブキとするかで相違があったわけである。これに決着をつけたのは後の牧野富太郎で、牧野は飯沼慾斎の『草木図説前編（草部）』を増補・改定した『増訂草木図説』（1912）に「〔補

従來フキニ款冬ノ漢名ヲ充ツ是レ誤ナリ　款冬ハ即チ Tussilago Farfara L. ニシテ全ク別屬ノ一種ニ屬ス」と書き、款冬はフキでもツワブキでもない中国の植物 Tussilago farfara であることを明らかにして、後にこれにフキタンポポの和名をつけている。

款冬に関しては、花森屋敷III氏のブログ『FLOS, 花 , BLUME, FLOWER, 華, FLEUR, FLOR, ЦВЕТОК, FIORE』に詳しい解説がある（2016年3月：款冬, フキタンポポ − 1/3［http://hanamoriyashiki.blogspot.jp/2016/03/］、2016年4月：款冬, フキタンポポ − 2/3［http://hanamoriyashiki.blogspot.jp/2016/04/2.html］、2016年4月：款冬, フキタンポポ − 3/3［http://hanamoriyashiki.blogspot.jp/2016/04/2. html］、いずれも2017年4月30日確認）。

ツワブキは橐吾か？

現在の標準和名であるツワブキの名は、江戸時代後期に出版された『物品識名』（1809）にみることができる。『物品識名』は、和名に該当する漢名を掲載した、いわば和漢辞書にあたる本草書で、《つわぶき》に対する中国の植物を漢名の《橐吾（たくご）》としている。この見解は、以後、清原重巨の『有毒草木図説』（1827）や、前出の『本草図譜』にも踏襲され、《つはぶき》が《橐吾》の正名として使われている。また、斑入り植物図説である『草木錦葉集』（1829）でも《つはぶき》が用いられているが、ここでは漢字は《石蕗》が充てられ、《橐吾》は別名として載っている。

では、中国の植物《橐吾》はツワブキなのだろうか。実はツワブキの名前が普及する以前にも、稲生若水が『急就篇』の《橐吾》に《つは》を当てて以来、《橐吾》＝《つは》と見なされていた。前出の『大和本草』や『本草綱目啓蒙』ではこの見解が踏襲されている。その後《つはぶき》が標準的な和名となった昭和の時代になっても同様で、牧野富太郎の『日本植物図鑑』（1940）ではツワブキの漢名として《橐吾》が充てられていた。

これに対し、キク科の分類学者として著名な北村四郎は、ツワブキは中国内陸部にはないこと、《橐吾》は漢代ではフキタンポポを指していたことから、《橐吾》をツワブキとするのは誤りであるとしている。現在の『中国植物志77巻（2）菊科』（1989）によると《橐吾》はメタカラコウ属（Ligularia）を指し、種としては L. sibirica (L.) Cass. の漢名となっている。

メタカラコウ属は数種類が生薬として使われているが、ツワブキは中国では大呉（呉）風草と呼ばれ、生薬としては用いられてない。民間薬としてのツワブキは、中国浙江省、福建省などで全草が「蓮蓬草」と称され、感冒、咽喉腫痛などに煎汁が内用されるほか、搗きつぶして外用にされている。日本でも民間薬として利用され、魚による中毒、化膿、湿疹などに効果があるとされている。

文献にみるツワブキ園芸品種
『本草図譜』のツワブキ

『本草図譜』ではツワブキは湿草として分類され、普通の（標準的な）形態の「橐吾、つはぶき」のほか、一種「たうつはぶき」別名「朝鮮つはぶき」、一種「志かみつはぶき」別名「牡丹つはぶき」、一種「かんつはぶき」の解説とそれらの図版がある（図1）。「たうつはぶき」は葉が巨大で1尺を超えることから現在のオオツワブキと思われる。「志かみつはぶき」の解説には「葉の周リ皺ミ形状鶏冠花の如く花もまたよれたり」とある。「かんつはぶき」は、白長毛があって、葉が長く牛蒡のようであるということから、現在のカンツワブキにあたると考えられる。

図1　『本草図譜』（大正版木版）に描かれたツワブキとその品種。つわぶき（左上）、とうつわぶき（オオツワブキ）（右上）、志かみつわぶき（左下）、かんつわぶき（右下）。（富山県中央植物園蔵）

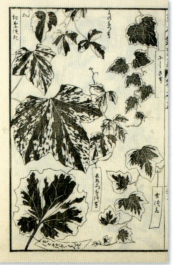

図2 『草木錦葉集』に描かれたツワブキの園芸品種。(富山県中央植物園蔵)

従って、「ホシフツワブキ」は個体に対する品種名ではなく、共通の特徴を持った園芸品種群の名称とするのが妥当である。

「牡丹つわぶき」は「葉しかみ出来る」と解説されている。「しかみ（顰み）」は動詞「顰む」が名詞化したもので、葉の波状の皺を示している。現存の「牡丹獅子」や「雪紅牡丹」などの獅子葉の個体に類似している。

ヨーロッパに紹介された ツワブキの園芸品種

『草木錦葉集』のツワブキ

　江戸幕府旗本の水野忠暁は斑入り植物や珍しい植物のコレクターであった。水野が集大成した斑入り植物図譜『草木錦葉集』ではツワブキの6品種が解説され、そのうち5品種が白黒の版画で図示されている（図2）。

　本文の解説と図版は、「石蕗白覆輪（つはぶきしろふくりん）」一名「銀つわぶき」（図2 左ページ右列上「銀ふくりんつわぶき」）、「同　白ふくりん次の方」（図2 右ページ左列下「つわふきふくりん次」）、「石蕗黄布」（図2 左ページ右列下「麻布黄布」）、「同　白布」（図版なし）、「同　星布」（図2 左ページ左列中「星布つわぶき」）、「牡丹つわぶき」一名「鬼つわぶき」（図2 左ページ左列下「ぼたんつわぶき」）のとおり対応している。

　「石蕗白覆輪」は「芽出し赤み有りて軸赤きかた上品後もくらまず白し」とある。本品種は、古くから栽培され庭園の下草として広く利用されている、白色の【掃込み斑】や【覆輪斑】を示す現存の「銀月」に特徴が一致しており、同一のクローンかもしれない。

　一方、【星斑】が入るツワブキも、「銀月」と同様に現在でも広く流通している。しかし、交配実験でこの斑が遺伝することが確認されており、現存する【星斑】のツワブキが本書にある「星布つわぶき」と遺伝的に同一なクローンであるとは断定できず、交配によって生じた子孫である可能性もある。

　チャノキを中国からインドに持ち出したことで有名なプラントハンター、ロバート・フォーチュンは、北京から運ばれてきたとされるツワブキの品種を中国浙江省の寧波（Ningpo）市内で得て、1856年にイギリスに初めて導入した。緑の葉に黄金色のスポットが散在するこのツワブキの品種は、斑入り植物が珍重された当時の園芸界においてたちまち称賛をもって迎えられた。翌年、植物学者でランの研究家として著名なジョン・リンドリーは、彼が編集に携わっていた週刊の園芸専門雑誌『ガーデナーズ・クロニクル』に、新属新種 *Farfugium grande* Lindl. としてこれを発表した。このツワブキは、現在の星斑の品種キモンツワブキである。

　このキモンツワブキはキュー植物園でも栽培され1961年に開花し、当時外国の様々な珍しい植物を原色図譜で紹介していた植物学雑誌『カーティスのボタニカル・マガジン』第5302図版に掲載された（図3）。しかし、著者でキュー植物園の園長を務めていたジョセフ・フッカーは、「リンドリーは新種新属としたが、実際には日本のもので、ケンペルの頃から今日まで、日本を訪れた植物学者には知られていた」として、当時メタカラコウ属とされていたツワブキ *Ligularia Kaempferi* Siebold et Zucc. の変種 var. *aureo-maculata* Hook.f. の扱いに変更した。

　このケンペルとはドイツ人のエンゲルベルト・ケンペルのことで、彼は1690年から2年間、鎖国下の日本に滞在し、帰国後著した『廻国奇観』で、日本の植物をヨーロッパに多数紹介した。当時の日本

は元禄時代で、様々な園芸書が出版され、園芸文化が隆盛だった頃である。ちなみにツワブキを精細な植物画とともに記載したのは、ケンペルの140年後に日本を訪れたドイツ人のフィリップ・フランツ・フォン・シーボルトである。シーボルトは多数の日本産植物をツッカリーニとの共著『日本植物誌』で記載し、ツワブキを *Ligularia Kaempferi* Siebold et Zucc.、オオツワブキを *Ligularia gigantea* Siebold et Zucc. とした。シーボルトと、フッカーの父で、やはりキュー植物園の園長を務めた植物学者、ウィリアム・フッカーとは同時代の人で、ツワブキに関する情報は当然フッカーの下にも届いていた。

北村四郎による学名-和名の整理

フッカーはツワブキをメタカラコウ属 *Ligularia* と見なしたが、北村はツワブキの新芽の葉の巻き方が内向きなのに対し、メタカラコウ属は外巻きであること、ツワブキの葯の下部が矢形であるのに対し、メタカラコウ属では鈍形であることなどの違いで別属とみなし、リンドリーのツワブキ属 *Farfugium* を復活採用して学名と和名を整理した（1939年、植物分類,地理 第8巻2号）。すなわち、*Farfugium tussilagineum*（Burmann）Kitam. ツワブキ、品種 f. *aureo-maculata*（Hook.f.）Kitam. キモンツワブキ、変種 var. *gigantea*（Siebold et Zucc.）Kitam. オオツワブキ（オオバノツワブキ、トウツワブキ）、変種 var. *crispata*（Makino）Kitam. ボタンツワブキ（オニツワブキ、シガミツワブキ）、台湾産変種 var. *formosana*（Hayata）Kitam. タイワンツワブキ、台湾産変種 var. *nokozanensis*（Yamamoto）Kitam. モミジバツワブキ、*F. hiberniflorum*（Makino）Kitam. カンツワブキ、*F. luchuense*（Masam.）Kitam. リュウキュウツワブキ、である。

北村は、フッカーが変種としたキモンツワブキを分類群としての品種ランクに、また獅子葉の園芸品種を変種ランクとみなしたわけである。なお、ツワブキの学名は、植物学名の二名法を確立したリンネが命名した *Tussilago japonica* L. が最も古いことがわかり、北村は同巻4号の末尾で、この種小名に基づく *F. japonicum*（L.）Kitam. に訂正し、これが現在の正名になっている。

『園藝大辞典』に載った品種群

石井勇義が編集した誠文堂新光社『園藝大辞典』(1943－1956)は、大正から昭和前期にかけての園芸情報を得ることができる貴重な資料である。当時、ツワブキ属 *Farfugium* を認めた北村の論文は発表されていたが、この辞典の監修の一人が牧野富太郎であったため、属名は *Ligularia* が採用されている（属の名前としてはツワブキ属を使用）。すなわち、ツワブキは *Ligularia tussilaginea* Makino、園芸品として f. *aureo-maculata* Makino きもんつはぶき、変種として var. *gigantea* Makino たうつはぶき一名おほつはぶき、var. *crispata* Makino ぼたんつはぶきが掲載されている。

園芸品種については、「品種は24種くらいあるらしい」と書かれていて、昭和10年頃の品種として山中又六などが収集した「黄紋獅子」、「黄紋葉」「くにがみつはぶき」、「小葉獅子」、「獅子葉」、「中葉黄紋」、「中葉種」、「早咲種」が紹介されている。

本書にある品種の形態については誤った解釈が

図3　カーティスのボタニカル・マガジン90巻5302図版に描かれたキモンツワブキ。(富山県中央植物園蔵)

されることが多い。「黄紋獅子」は写真の「山中氏第九號」（図4 左）が対応すると推測され、写真と「黄紋葉で、葉の表面近くから獅子葉にみるような角状突起物を現はし、葉面には皺縮がない」との解説から、掌状葉で葉縁が浅裂から深裂し葉面に突起がでる形質であって、現在では共通認識になっている葉縁の波状のヒダを指す【獅子】の形態には該当しない。「小葉獅子」、「獅子葉」についても葉の縁のヒダではなく皺状の葉についての記述になっている。「くにがみつはぶき」（図4 右）は「団扇状で欠刻多く（中略）琉球国頭の産」との解説から、リュウキュウツワブキと推察される。

雑誌『ガーデンライフ』に載った品種群

戦後の復興から高度経済成長を迎え、東京オリンピックを2年後に控えた1962年、園芸雑誌『ガーデンライフ』が創刊された。人の暮らし向きも良くなり、趣味としての園芸が盛んになり始めた頃である。1990年に休刊するまでの約30年、昭和後半の園芸界をリードしてきた。その1981年11月号に古典園芸植物としてのツワブキの特集が初めて掲載されている。

カラー写真で「金環」（黄覆輪ツワブキ）、「縮緬（しがみば）ツワブキ」、「竜頭」（たつがしら＝縮緬の一系統）、「縮緬天の川」、「亀甲ツワブキ」、「金紋ツワブキ」、白の散斑、「錦葉ツワブキ」、「もみじ葉ツワブキ」、「ふぎれツワブキ」、「鬼ツワブキ」（シシバツワブキの一系統）の11品種（個体）が紹介され、解説がある。著者の一人、降旗道雄は、園芸品種として「金紋ツワブキ」、「黄覆輪ツワブキ（金環）」、「獅子葉ツワブキ」、「八重咲きツワブキ」、「オオツワブキ」、「縮緬ツワブキ」、「筒咲きツワブキ」、「錦葉ツワブキ」の8品種を記載し、栽培の歴史や栽培法も解説している。

一方、斑入り植物研究家である広瀬嘉道は、古書にみるツワブキとして『草木錦葉集』にある6品種と、現在みられるツワブキの園芸品種として「鬼天の川」、「狂獅子」などの13品種を紹介している。『草木錦葉集』で「葉しかみ出来る」と記されている「ぼたんつわぶき」について「図版でみるかぎり現在の獅子葉ツワブキに間違いない。しかし記述を読んでみると現在のしがみ（縮緬）のようでもあり、記述中に出ている別名「オニツワブキ」という名称とも一致する。この点についてどう判断してよいか苦慮している次第である。」と述べている。この疑問は、『草木錦葉集』の解説にある【しかみ】は、後述するように葉面の細かい皺ではなく、現在の【獅子】または【牡丹】のような葉身や葉縁の波状の皺を指していたことに起因すると思われる。

『最新園芸大辞典』に載った品種群

『最新園芸大辞典』は編集委員会組織で編集された。著作権代表者の石井林寧は、旧版の著者石井勇義の子息である。1982－1984年に刊行され、旧版より判が大きくなったが、項目は原則として学名のアルファベット順であったため使いにくい面があった。

ツワブキは *Farfugium japonicum* (L.) Kitam. の学名が使われ、変種として var. *aureo-maculata* Makino キンモンツワブキ、var. *aureo-marginata* hort. キフク

山中氏第九號

山中氏第十二號

くにがみつはぶき（山中）

図4 『園藝大辞典』第4巻「つはぶき」に紹介された園芸品種。（著作権保護期間終了により複写）

リンツワブキ、var. *crispata* Makino シシバツワブキ 一名ボタンバツワブキ、var. *flore pleno* hort. ヤエザキツワブキ、var. *gigantea* Makino トウツワブキ 一名オオツワブキ、var. *rugosa* hort. シガミバツワブキ、var. *tubiflora* Sugimoto et Sugino ツツザキツワブキ、var. *variegata* hort. ニシキバツワブキの8種類が紹介され特徴が簡単に記されている。しかし学名に誤りが多く、またリュウキュウツワブキは触れられてない。

　シガミバツワブキは「葉面が不規則にシワを現し、隆起した線状にみえる」とある。キフクリンツワブキは「葉縁にそって5mmぐらいの幅に黄色斑の表れるもの」とあることから現存の'金環'と考えられ、ニシキバツワブキは「葉縁からみごとな白色の蹴込みの斑が不規則に現れる。一般にはこれを『ふいりば』と呼んでいる。」とあることから現存の'銀月'と考えられる。

『園芸植物大事典』に載った品種群

　世界初のカラー園芸事典として1988－1990年に刊行された『園芸植物大事典』では、北村四郎・冨永達・溝口正也がツワブキ属を執筆している。ツワブキ*Farfugium japonicum*（L.f.）Kitam.の変種としてオオツワブキvar. *gigantea*（Siebold et Zucc.）Kitam.とリュウキュウツワブキvar. *luchuense*（Masam.）Kitam.が紹介され、園芸品種として「星斑ツワブキ」、「白覆輪くずれツワブキ」、「キンカンツワブキ」、「ボタンツワブキ」、「黄緑中斑ツワブキ」、「シカミツワブキ」6品種の解説と、*F. japonicum* cv.「白覆輪くずれツワブキ」、*F. japonicum* 'Aureomaculatum'「キモンキツワブキ」（キモンツワブキの誤記か）、*F. japonicum* cv.「ボタンツワブキ」の3品種の写真がある。

　これらの表記からは、北村がかつて種としていたリュウキュウツワブキが変種に、品種や変種として扱われたキモンツワブキやボタンツワブキがツワブキの園芸品種に格下げされたことが推察される。「シカミツワブキ」は「葉の表面に無数のしわが寄った、変異葉の一種」とある。なお、ツワブキの解説の中で『草木錦葉集』の「ぼたんつわぶき」について「葉の縁の縮れたボタンツワブキの斑入りがあげられている（後略）」とあるが、原図では葉の表面が黒で裏面が白で描かれていることから（図2参照）、これを斑入りと見誤ったのであろう。

最近の文献にみる品種

　最近の文献では『絵で見る伝統園芸植物と文化』（1997）がある。この本には33植物群の園芸文化史と品種が写真とともに紹介されており、著者荻巣樹徳は、日本の伝統園芸植物の収集・保存・栽培技術継承を訴え、山崎伝統園芸植物研究所の設立に携わった人である。ツワブキについても江戸時代および大正から昭和にかけての園芸史がまとめられており、特筆すべき品種として、千葉の「黄金葉ツワブキ」、出雲の「出雲オロチ」、橙色の花をつける変わり花「大森朱王」などが記録されている。

　園芸マニア向けの月刊誌『ひと坪園芸』の臨時増刊として発行されていた季刊誌『花にんき』の第2号（2001）にはツワブキの大特集が組まれていて、【獅子】、【猪口】、【石化】、【枝分れ】、【羅紗】といった形態変異種や【斑入り】などの73品種（個体）が写真で紹介されている。文献としては最も詳しいものの一つで、千葉県の愛好家が栽培する新しい品種が多い。ツワブキの園芸史、品種、栽培法が、愛好家による対談形式で述べられている。多様な園芸品種を生み出した地域にその植物の園芸文化が生じるという例は伝統園芸植物の常であるが、ツワブキもまた地域の愛好家によって品種の系統保存や育種が行われていることがうかがえる。

変異形質や品種名の変遷

　以上のように江戸時代から今日までの文献を概観すると、変異形質に関する用語が時代とともに変わってきたことがわかる。そしてこの変遷は後に愛好家を混乱させることになった。

　現在最も多くの混乱がみられる用語は、【シカミ】・【シガミ】と【獅子】である。これは『本草図譜』や『植物分類・地理』で葉縁の波状の皺を指していた【シカミ】・【シガミ】が『ガーデンライフ』から後は【獅子】に変わり、『園藝大辞典』で葉面全体の皺を指していた【獅子】が『ガーデンライフ』や『最新園芸大辞典』では【シガミ】に、『園芸植物大事典』では【シカミ】に変わったことに起因する。

　語源から推察すると【シカミ】は前述のように

動詞「顰む（しかむ）」が名詞化したものと考えられ、「顔や額などに皺が寄る」という意味から「葉の波状の皺」を示している。一方、『ガーデンライフ』や『最新園芸大辞典』にある【シガミ】は動詞「噛む（しがむ）」が名詞化したもので、「繰り返し強くかむ」という意味から「葉面全体におよぶ細かい皺」を表すと考えるのが自然である。したがって『本草図譜』や『草木錦葉集』にある「しかみつはぶき」は、現在では【獅子】及び【牡丹】といわれる形質を現す個体に該当している。『植物分類,地理』にある「Shigami-tsuwabuki」は北村による「シカミツワブキ」の誤用と思われ、記載によるとこれも現在の【獅子】及び【牡丹】である。一方、『園藝大辞典』の【獅子】、『ガーデンライフ』や『最新園芸大辞典』の【シガミ】、『園芸植物大事典』にある【シカミ】は、現在では【縮緬】または【甲龍】に該当した形態である。

そのほか、混乱はないものの、【星斑】にも幾つかの用語がみられる。これらをまとめると表1のようになる。

園芸品種名の概念についても変化と混乱がある。『草木錦葉集』の時代の品種数を考えると、「ぼたんつわぶき」は個体（クローン）に対する固有名詞と考えるのが自然である。しかし『ガーデンライフ』に紹介された時代には品種数も増えていて、「ぼたんつわぶき」は個体に対する品種名でなく獅子葉個体の総称として使われている。同様に、現在「縮緬ツワブキ」、「もみじ葉ツワブキ」、「ふぎれツワブキ」、「鬼ツワブキ」などは類似形質を現す個体群の総称と考えられる。一方、「金環」、「竜頭」、「縮緬天の川」などは個体に対する固有名詞すなわち園芸品種名であることから、これらを区別する必要がある。

植物学的な分類、いわゆる自然分類と、園芸品種の分類である人為分類との混乱もあった。『本草図譜』にある「たうつわぶき」や「かんつわぶき」は、「ぼたんつわぶき」同様に当時は園芸品種（個体）名として扱われたと考えられるが、現在は「たうつわぶき」（オオツワブキ）はツワブキの分類学上の品種または変種として、またカンツワブキは独立種として扱われている。また、『園芸大事典』で園芸品種とされた「くにがみつはぶき」は、ツワブキの変種リュウキュウツワブキとして扱われている。

表1　ツワブキ園芸品種の形質を示す用語の変遷

文献	葉縁が波状の皺になるもの	葉面に細かい皺があるもの	葉面に星状の斑があるもの
本草図譜 （1828）	志かみつはぶき 牡丹つはぶき		
草木錦葉集 （1829）	牡丹つわぶき 鬼つわぶき		星布つわぶき
植物分類,地理 第8巻2号 （1939）	ボタンツワブキ オニツワブキ シガミツワブキ		キモンツワブキ
園藝大辞典 （1953）	ぼたんつはぶき	黄紋獅子 小葉獅子 獅子葉	きもんつわぶき
ガーデンライフ 1981年11月号 （1981）	鬼ツワブキ 獅子葉ツワブキ	縮緬（しがみば）ツワブキ 縮緬天の川	金紋ツワブキ
最新園芸大辞典 （1983）	シシバツワブキ ボタンツワブキ	シガミバツワブキ	キンモンツワブキ
園芸植物大事典 （1989）	ボタンツワブキ	シカミツワブキ	星斑ツワブキ キモンキツワブキ
近年における 形質を示す用語	獅子（シシ） 牡丹（ボタン）など	縮緬（チリメン） 甲龍（コウリュウ）など	星斑（ホシフ） 黄紋（キモン） 蛍斑（ホタルフ）など

Chapter 2

ツワブキの植物学

ツワブキの植物学

ツワブキには多様な園芸品種がみられるが、一部の交配品種を除き、これらは植物学的な分類（自然分類）ではツワブキという1つの種に含まれる。葉の形態変異や斑、頭花の形態や色にみられる変異は、他の植物でもまれに観察される自然突然変異である。この章では、種としてのツワブキにスポットを当て、普通型（標準的な形態）のツワブキを中心に、現在の分類系、分布、形態、細胞遺伝学的特徴について解説する。

ツワブキの分類と分布
1. 学名の変遷

ツワブキはキク科キク亜科キオン連の植物で、かつてはトウゲブキやマルバダケブキなどと同じメタカラコウ属 *Ligularia* にされていたが、現在は別属のツワブキ属 *Farfugium* とされている。

ツワブキに関する学名（世界共通のラテン語の名前）の変遷は前章で断片的に述べた。概略を再掲すると次のとおりである。

最初にツワブキに有効な名前を付けたのはリンネ（1767）で、フキタンポポ属の *Tussilago japonica* L. とした。シーボルト（1835）は、実際に日本でツワブキを観察して精細な植物画を描かせ、これをメタカラコウ属と見なし、*Ligularia kaempferi* Siebold et Zucc. として発表した。リンドリー（1857）は、フォーチュンが中国からイギリスに導入した今でいうキモンツワブキを新属新種として *Farfugium grande* Lindl. を発表した。これに対してジョセフ・フッカー（1862）は、キモンツワブキはシーボルトが発表したツワブキと同種とみなして変種 *Ligularia kaempferi* Siebold et Zucc. var. *aureo-maculata* Hook.f. とし、*Farfugium* 属を否定した。北村四郎（1939）は、ツワブキ属は若葉が内巻きであること、葯の基部が矢尻状にとがること、果実に密に毛があること、茎葉が発達しないことなどから、若葉が外巻き、葯の基部が鈍形、痩果は無毛で、茎葉があるメタカラコウ属とは区別すべきと考え、リンドリーが作った *Farfugium* をツワブキ属として復活させ、リンネの *Tussilago japonica* を基に組み換えて *Farfugium japonicum*（L.）Kitam. をツワブキの学名とした。これが現在認められているツワブキの正名である。

2. ツワブキの分布と種類

ツワブキは中国、台湾、日本、朝鮮に分布している。中国本土では大吴風草と呼ばれ、福建省、広東省、広西チワン族自治区、湖北省、湖南省、浙江省に分布する。台湾では山菊と呼ばれ、恒春半島、蘭嶼島、緑島諸島にみられる。日本では太平洋側は福島県、日本海側は新潟県（北限は佐渡）以南に分布する。韓国では털머위と呼ばれ、朝鮮半島南部から鬱陵島、済州島などに分布している（図1）。海岸など標高の低い場所の林下、明るい斜面、峡谷、崖などに生育していて、しばしば栽培されることもある。

ツワブキは分布域が広いため葉形に変異がみられ、かつては独立した種がいくつか記載されたが、現在は次のように変種として扱われている。

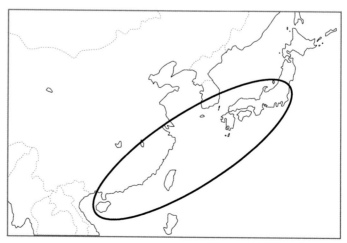

図1　ツワブキ（変種を含む）の分布域。

■ 変種オオツワブキ
（オオバノツワブキ、トウツワブキ）

　var. *giganteum*（Siebold et Zucc.）Kitam. は、シーボルトが『Flora Japonica』の中で精細な図と共に新種記載したもので、葉が大きく、長さ30cm、幅38cm、葉柄は長さ70cm、直径2cmになり、花茎の高さは1mを超えるものがある（図2）。葉柄を食用にするため、九州で栽培されている。シーボルトはオオツワブキをアキタブキと混同して、『日本植物誌』にこれを出羽の産とし、葉を傘にした浮世絵を北斎が描いていると紹介している。

図2　オオツワブキ。京都市城南宮植栽, 2005年3月。

■ 変種タイワンツワブキ
（ノウコウツワブキ、モミジバツワブキ）

　var. *formosanum*（Hayata）Kitam. は、台湾の植物を研究した早田文蔵が認めたもので、早田に師事した山本由松が記載したモミジバツワブキも含まれる。葉が7〜9角に角張り、時に浅裂してモミジのような形になる（図3）。台湾では台湾山菊と呼ばれ、標高100〜1000（〜2000）mの山地に広く見られ、香港にもこの型があるという。日本でも、石垣島、西表島産のツワブキには葉が角張る傾向が見られる。

図3　タイワンツワブキ。

図4 リュウキュウツワブキ(狭葉型)。

■**変種リュウキュウツワブキ**

var. *luchuense*(Masam.)Kitam. は台湾の植物を研究した正宗厳敬が種としたもので、葉が楕円形〜扇形で、基部が切形からくさび形になる(図4)。渓流沿いに多く見られ、水の流れに適応した狭葉形と考えられるが、同じ集団でも変異が大きく、葉底が心形のものもあって変異が連続する。南西諸島に固有で、奄美大島(住用川、川内川)、沖縄、石垣島に産する。環境省のレッドリスト2015では準絶滅危惧植物(NT)であるが、鹿児島県レッドリストでは生育地が限られていることから絶滅危惧Ⅰ類に指定されている。

その他に分類群として記載された自然突然変異個体や園芸品種には次のようなものがある。

■**品種キモンツワブキ**

forma *aureomaculatum*(Hook.f.)Kitam. は、イギリスに導入された星斑のツワブキに対してフッカーが変種として記載したもので、北村によって品種とされた(前章参照)。園芸品種'天星'の星斑に該当する。

■**品種カワリツワブキ**

forma *eligulatum* Konta は頭花に舌状花を欠くもので、静岡県下田市須崎が基準産地。園芸品種'雪洞'の花の形に類似する。

■**品種ウコンツワブキ**

forma *luteofuscus* Tawada は舌状花の色がウコン色(赤味を帯びた黄色)のもので、那覇市が基準産地。園芸品種'和泉山吹'の花の色に該当する。

■**品種ヤエツワブキ**

forma *plenum*(Nakai)Kitam. は中心花の筒状花冠が舌状花冠化したもので、栽培品に付けられた。園芸品種'千寿'の花の形に該当する。

■**品種ツツザキツワブキ**

静岡県植物誌(1984)に裸名 f. *tubiflorum* Sugim. & Sugino として載っているものは、舌状花が管状に巻くもので、御前崎が産地。園芸品種'四国神龍'の花の形に該当する。

3. ツワブキ属のもう1つの種、カンツワブキ

■カンツワブキ

　Farfugium hiberniflorum（Makino）Kitam. は、1910年に牧野富太郎がメタカラコウ属の新種 *Ligularia hiberniflorum* Makino として記載したもので、江戸時代の終わりにはすでに同名で栽培されていたことが『本草図譜』（P9図1）でわかる。ツワブキに比べて葉身はやや薄く、心形～卵心形で、長さ5.5 ～ 20cm、幅7.5 ～ 20cm、先が鋭頭または短い鋭尖頭に尖り、縁には鋭重鋸歯があることで明瞭に区別される（図5）。九州屋久島、種子島の林下に生育する。屋久島ではカンツワブキとツワブキの分布の接する所があって両種の雑種が生じており、斎木（1973）がメタカラコウ属としてヤクシマツワブキ *Ligularia tatewakii* Saiki と記載したものはこれに当たると考えられている（図6）。ツワブキ属としては初島住彦が『九州植物目録』（2004）に *Farfugium tatewakii*（Saiki）Hatus. と組み替えを行っているが、これは記載が伴っておらず、正式な発表がされてない名前（裸名）になる。

図5　カンツワブキ。

図6　ヤクシマツワブキ（ツワブキとカンツワブキとの推定雑種）。

Column ─────────────────────────────── 1

ツワブキを食べる

食材として販売されている宮崎県産の皮むきツワブキ。

　ツワブキは、江戸時代初期の園芸書『花譜』に「茎を切って皮を取り、茹でて食べる」と書かれてあり、山菜として古くから食べられていたらしい。「茎」とあるが、正確には葉柄である。

　旬は3〜5月で、この時期の葉柄は柔らかい。皮を剥いてすぐに水にさらし、アク抜きをする。アクが強いので2、3本も皮を剥くと指が真っ黒になる。料理法としては、煮物、油炒め、佃煮などが一般的である。フキに似ているが、身がしなやかで歯ざわりが柔らかい。独特の風味があるので子供には敬遠されるが、大人には喜ばれる。

　ツワブキは新潟−福島以南の西日本に分布し、四国、九州の海岸地域ではしばしば群生しているので、特によく利用される。聞き書きを基に各県の食事が記録されている『日本の食生活全集』（農山漁村文化協会刊）から、ツワブキの郷土料理を引用・紹介する。

高知県 — つわずし：足摺岬周辺の地域でつくられてきたすしで、ツワブキの葉を裏返して敷き、その上にもぶりずし（ちらしずし）やいおずし（姿ずし）の飯を盛り、それにツワブキの葉を表を上にして覆い、押し抜いたもの。短冊形や三角形に切って供される。

長崎県 — つわ料理：2寸ほどに切りそろえて油で炒め、醤油と砂糖を加えて煮しめたり、魚の煮汁で炊いたり、混ぜ飯や巻きずしの具にも使う。

宮崎県 — つわの煮つけ：塩抜きしたツワブキとタケノコを油で炒め、砂糖と醤油で味付けしたもの。3月から6月は生のツワブキをゆがいてからすぐに使い、7、8月は塩漬けしておいたものを塩抜きして使う。ツワブキは毒消しの作用があると伝えられて需要があったため、大正時代から北九州に出荷していた。

熊本県 — つわのきんぴら：2寸ほどに切りそろえ、油で炒め、醤油と砂糖少々で味つけし、コショウを好みで入れる。沢山とってきた時は皮を剥かず、うぶ毛をこすり洗って佃煮や味噌漬にもする。

鹿児島県（奄美大島）— つわ煮物：大晦日と正月に必ず出る料理。大なべに豚骨を入れて煮る。煮えたところで水にさらしたツワブキをしぼり、適当な長さに切って鍋に入れ、味噌味にして煮る。おろしぎわにニンニクの葉を加える。

（中田政司）

鹿児島県甑島産のツワブキを使った佃煮。

奄美大島の郷土料理。ツワブキ、切干大根、島豚の煮物。

Column ─────────────────────────── 2

ツワブキは薬か毒か

　ツワブキは、江戸時代初期の園芸書『花譜』に「フグや生カツオの毒、一切の毒を消す。すり砕き、汁をとりて飲む。甚だしるしあり」と書かれており、薬用とされていたことがうかがえる（写真）。

　各県で伝承されている民間薬を『日本の食生活全集』で調べてみると、三重、高知、大分で「魚などの食中毒にツワブキの葉や茎の汁を飲む」との記述があることから、実際に利用されていたらしい。しかし、ここでいう民間薬には「下痢に陰干ししたゲンノショウコを煎じて飲む」と納得できるものから、「腹痛に青ガエルを生きたまま飲み込む」という訳の分からないものまであって、本当にツワブキが食中毒に効いたのかどうかは疑わしい。

　一方、外用としては、痔や歯痛、肩こり、打撲、やけど、ひょう疽（指先の化膿）などに、そのままの葉や、あぶったり揉んだりした葉を患部に当てて用いられている（愛媛、佐賀、鹿児島など）。これについては、葉の青葉臭の一成分に強い抗菌作用があることが判っていて、薬効に関係していると考えられている。

　最近の研究によると、ツワブキにはフキと同様に、肝臓毒であるピロリジジンアルカロイドが含まれているという。しかし、どちらも健康被害についてはこれまで聞いたことがない。これはアク抜きの過程で毒成分がほとんどなくなることや、もともと大量かつ継続的に食べられる食品ではないためであろう。

　ツワブキは山菜としては問題ないが、生の汁を飲むという民間薬としての利用は、やめた方がよさそうである。

（中田政司）

『花譜』の通和（ツハ＝ツワブキ）の記述。
（富山県中央植物園蔵）

ツワブキの形態
1. 根茎と葉

　ツワブキは常緑の多年草である。地表すぐ下に太く短い根茎があり、その下部からは地中に太い不定根を伸ばし、地上には2～4枚の葉を展開している。かつて同属とされたメタカラコウ属では新芽の葉の折りたたまれた方が外巻きになるのに対し、ツワブキ属では掌をかるく握ったように内巻きになっているのが特徴である（図1）。新芽は灰褐色の長い毛に被われていて、展開した葉の表側は無毛で光沢があり、裏面は軟毛があって白色を帯びる（図2）。葉はやや肉厚で、長さ4～15cmであるのに対し幅が7～30cmと広く、腎臓形である。葉柄は長く、10～35cmあり、基部は茎を取り巻いて鞘状となる。葉の基部は心形で、葉柄から葉身に掌状に伸びる太い脈が5～9本あり、その末端が少し突出して角張ることがある。葉の縁は山状のギザギザ（牙歯）があるか、全縁である。

図1　ツワブキの根茎と新芽。

図2　ツワブキの葉。表(左)と裏(右)。

2. 花と果実

ツワブキは10～12月に、長さ30～75cmの花序軸（一般に花茎とよばれる部分）を伸ばし、まばらな散房状に頭花をつける。

頭花の直径は4～6cmで、頭花の柄（一般に花柄とよばれる部分）は1.5～7cm。総苞は筒状で、長さ12～15mm、総苞片は1列で、披針形である。頭花の周辺には1列の舌状花があり、雌しべだけがある雌性花である（図3）。舌状の花冠は長さ2～4cm、幅6mmで、基部の筒状部は長さ9mm。中心部には多数の両性の筒状花があり、花冠は長さ11～12mmで先が5裂する。基部の筒状部の長さは6mmである。

図3　ツワブキの小花の拡大。左は中心部の筒状花。右は周辺1列にある舌状花。舌状花は雌性花で、葯がない。

図4　ツワブキの頭花の拡大。周辺から中心に向かって咲き進む。雌しべの先が2裂し、枝が反曲した柱頭が見える(矢印)。

図5　ツワブキの頭花の縦断面の拡大。中心の筒状花から葯が突出し、中の雌しべによって花粉が上に押し出されている様子が見える(矢じり)。矢印は柱頭。

頭花の中では筒状花が周囲から中心に向かって咲き進む（図4、5）。筒状花の花冠が開くと、筒状に合着した雄しべとその内側にある雌しべの花柱が伸長して花冠の外に突き出てくる。この時、筒状に合着した葯の内側に放出された花粉が雌しべの花柱の先に付着する。雌しべが成熟すると突出した花柱の先が二又に縦裂し、枝の先は反り返って輪を描いたような姿になる。この裂開した花柱の内面が柱頭で、受粉機能を有する部分になる（図6）。

　子房の上部には長い冠毛が生えており、果実が熟するころには長さ8〜11mmになり、風によって散布される。

　キク科の果実は小さく、果皮が発達せず、中に1個の種子が含まれる「痩（そう）果」で、園芸的には「種子」と呼ばれることが多い。痩果本体の長さは5〜6.5mmで、表面には毛が密生している（図7）。かつてツワブキが含まれていたメカタラコウ属の痩果は円柱形でよく似ているが、ツワブキのような毛は見られない。

図7　ツワブキの痩果。©福原達人

図6　ツワブキの筒状花の開花。花冠の先がまだ閉じた状態（左）。花冠が裂開し、中から葯が突出している（中）。中心の花柱が伸び、先が二又に裂開して柱頭が現れる。葯は茶色く萎びている（右）。

Column ────────── 3

集水と導水

　ツワブキの自生株を真上から観察すると、長い柄をもった根出葉が四方に展開していて、表土が見えないほどに葉が重なり合っている。

　これでは根際まで雨水が届かないのではないか。試しに水をかけてみると、クチクラ層で覆われた光沢のある葉身表面にかかった水の一部は、滞留することなく葉身基部の窪みに集水されてから、葉柄を伝って根元まで導水された。ツワブキは葉を広げ光合成量を増やしながらも、上手く水も取り込んでいるのである。

　実に巧妙な構造である。

（奥野　哉）

Column ─────────────────────────────── 4

水孔からの出水

　水孔とは植物の葉の先端や縁にある水を排出する小さな穴で、葉の表皮にある気孔と同様に1対の孔辺細胞に囲まれている。気孔は開閉するが、水孔には開閉機能はなく開いたままである。

　気孔が閉じていたり、多湿状態で蒸散が抑えられたりしたときには、体内の水分が過剰になって水孔から水が押し出されることがある。これが出水といわれる現象である。夏の早朝にみられる草の露がその例で、空中湿度が高いときには昼間でも目にすることがある。出水は新しい葉でよく見られ、古くなった葉では見ることが少ない。またすべての植物で起こる現象ではなく、ケシ・ユキノシタ・イチゴ・ワレモコウ・ソラマメ・ヤブガラシ・メロン・フキ・イネ・サトイモといった植物で知られている。

　水孔はツワブキにも備わっているが、出水を目にすることは稀である。晩春や初夏、特に梅雨時は新しい葉を展開するとともに空中湿度が高い時期である。風が弱い日の夕方にたっぷり灌水すると翌朝に観察できるかもしれない。

（奥野　哉）

ツワブキの細胞遺伝学
1. 野生ツワブキの染色体数と核型

　染色体は遺伝物質DNAとタンパク質からなる構造体で、細胞が分裂して増える時に現れ、DNAを均等に2つの娘細胞に分配する役割を持っている。原則として、同じ生物種であればその数と形は同一であるため、染色体を調べることで種の変異や類縁に関する情報を得ることができる。

　染色体は根の先端など分裂・増殖している組織で観察する。顕微鏡で1つの細胞の染色体を観察すると、数と形態が同じ染色体組がふつう2つ認められる。これは、有性生殖では、花粉に由来する染色体組1組と、卵に由来する1組が存在しているためで、このように両親由来の染色体組が2つあるという意味で、体細胞の染色体数は2n＝〇と表記される。

　一方、花粉や卵は、受精して体細胞の染色体数になるため、それ自身は体細胞の半分の染色体数でなければならない。そのため、花粉や卵が作られる時には、染色体の数を1組分に減らす特殊な細胞分裂、すなわち減数分裂が行われる。したがって、減数分裂によって生じた花粉や卵の染色体数はn＝〇と表記される。

　ツワブキの染色体数は、古くはIshikawa（1914）によってn＝30が算定され、以後、本州産（荒野1962）、琉球産（宮城1971）、台湾産（Hsu 1970）、中国産（蘇・劉 1995、Liu 2001）についていずれも2n＝60が報告されている。我々が、野生ツワブキ70産地178個体の染色体数を算定した結果では、京都府で採取された1個体が2n＝61であった以外はすべてが2n＝60で、倍数体はなく、染色体数は安定していた（図1）。

　染色体は棒のような形をしていて、どの染色体にもくびれ（一次狭窄）があり、ここには動原体と呼ばれる染色体分配に関わる構造物がある。動原体の位置は、染色体の真ん中であったり、やや端によっていたり、末端であったりと多様であるが、1つの染色体組にどのような形態をもった染色体が何個あるかということは、基本的には個体や種の範囲では定まっている。この染色体構成を核型（かくがた）といい、核型を調べ、近縁種と比較することで、類縁や進化についての情報が得られることがある。

　図2はツワブキの核型を示したもので、動原体の位置が真ん中より端によった染色体が多いことがわかる。さらに、矢尻で示したように識別しやすい染色体が4個あることがわかる。この4本は末

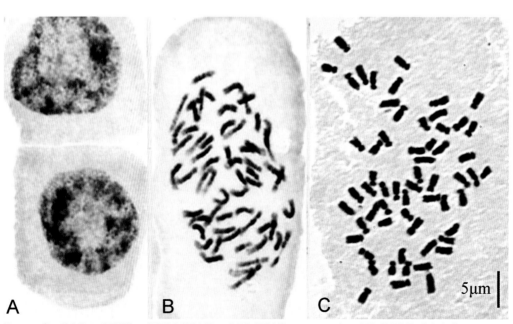

図1　ツワブキの染色体。A: 代謝期核。B: 体細胞分裂前中期。C: 体細胞分裂中期。Okuno et al. (2005)より、許可を得て改変・転載。

端に動原体がある特殊なもので、末端動原体型染色体と呼ばれ、真ん中に動原体をもった染色体（中部動原体型染色体）が動原体の部分で2つに切れて生じることが知られている。この場合、染色体数2n＝58の祖先型の染色体組中の1対の中部動原体型染色体が動原体部で切れて4本の末端動原体型染色体が生じたと考えると、この核型の成因が説明できる。このような動原体部での切断による染色体の数的変異と種分化は、ラン科のトキソウ属やパフィオペディルム属、ヒガンバナ科のヒガンバナ属など多くの植物で知られている。

ツワブキがかつて所属していたメタカラコウ属は約100種あり、分布の中心は中国で、染色体数は2n＝58、核型は中部動原体型染色体の割合が多い。メタカラコウ属が内陸の湿潤な山地〜高山に分布するのに対し、ツワブキ属は2種だけが海岸域に生育することから、ツワブキの方がより派生的と考えられる。このことから、ツワブキは、メタカラコウ属と共通の祖先から、1対の中部動原体型染色体の動原体切断による数の増加を伴って分化し、乾燥に適応して内陸から海岸へ進出し、新しい分布域を占めるようになったと考えられる。

2. 野生ツワブキの減数分裂

減数分裂は花粉や卵が作られるときの特殊な細胞分裂で、分裂に先立って、相同な染色体同士で対合がみられる。遺伝的に安定な場合、1対の相同染色体はII価染色体を形成するので、体細胞染色体数の1/2の二価染色体が観察されるはずである。野生のツワブキを観察したところ、きれいな30個のII価染色体が観察され、染色体数が多いものの、ツワブキは遺伝的に安定な二倍体であることが確認された（図3C）。引き続いて起こる2回の分裂で染色体数がn＝30の配偶体（花粉）がつくられるが、この間に染色体の異常な分配や小核形成などは観察されず、正常な花粉形成が行われた（図3）。

野生ツワブキの花粉稔性をコットンブルー染色によって染色率を算定したところ、62個体中2個体が無花粉、3個体で60%前後のやや低い値が見

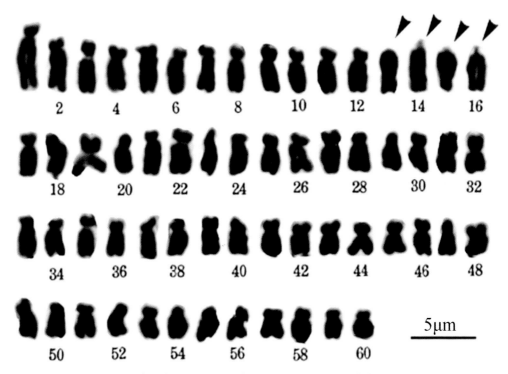

図2 ツワブキの核型。動原体の位置が真ん中より端に寄ったものが多く、末端動原体型染色体（矢尻）が4個ある。Okuno et al. (2005)より、許可を得て転載。

られたものの、残る57個体は95.6±4.5％の染色率であり、正常な花粉を生産し、有性生殖がおこなわれていることが示唆された。

3. ツワブキ園芸品種の染色体数と花粉稔性

ツワブキの園芸品種の中には、矮性や茎葉の肥厚、変形など、染色体を倍加させて作った高次倍数体にみられる特徴を示すものがある。そのため、自然に生じた倍数体由来の変異個体が園芸品種として選抜されたのではないかと考えられた。また、細胞分裂時の不均等な染色体分配によって生じた異数体や、過剰染色体（B染色体）の存在が形態に影響を及ぼす場合もある。

そこで葉や葉柄の形態変異、斑入り、舌状花色や小花の変異など様々な特徴をもつ園芸品種111系統について体細胞染色体数を算定し、併せて減数分裂と花粉染色性を調べてみた。

その結果、調査した111系統すべての染色体数は、野生ツワブキと同じ2n＝60であった。'雪紅牡丹'のオリジナル株（元株）においても2n＝60であったが、唯一、組織培養由来の増殖株で2n＝59が算定された。図4は観察結果の一部を示したもので、著しい矮性【豆】の'伊都姫'（図4 A, B）、葉柄の【石化】に葉の【昇龍】など複合変異を示す'龍泉の舞'（図4 C, D）、葉身の変異【受け】、【甲龍】が著しい'佃島'（図4 E, F）など、野生のツワブキと同種とは思

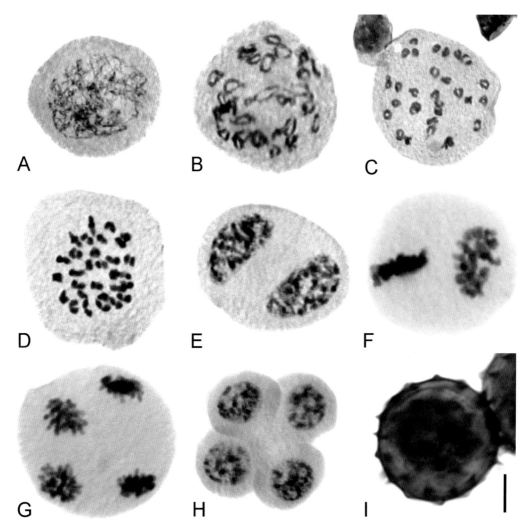

図3　ツワブキの花粉形成における減数分裂。A: 接合期、B, C:移動期、D:第一分裂中期、E:第一分裂終期、F:第二分裂中期、G:第二分裂後期、H:四分子期、I:花粉粒。スケールは10μm。

えないものでも、染色体は正常の2n＝60であった。

減数分裂は、蕾が得られ、時期が適していた14品種で観察することができた。いずれも正常な花粉形成が見られ、移動期で30個のⅡ価染色体が確認できた(図4 G, H)。

花を着けなかった16品種を除き、95品種の花が観察できたが、そのうち7品種は優性不稔の無花粉であった。花粉染色率は、葉の形態変異のうち【獅子】や【フギレ】の品種で低い傾向があり、前者で48.3％、後者で23.4％であった。特に染色体数2n＝59の異数体'雪紅牡丹'ではわずか0.3％と完全な不稔であった。残りの品種の花粉染色率はかなり高く、平均91.3％であった。

染色体観察の結果、ツワブキ園芸品種は、予想に反して正常な二倍体であり、染色体の数的変化が変異をもたらしたものではないことが明らかになった。したがって形態の変異と多様性は、形態形成に関与する遺伝子の突然変異によって生じたものと推察される。このことは、形質の組み合わせを考えた交配が可能なことを意味している。また、花粉稔性は一部の品種群を除いて高いことから、今後も交配育種によって、様々な品種が作出される可能性がある。

図4　ツワブキ園芸品種の染色体。
A, B：'伊都姫'（2n＝60）。
C, D：'龍泉の舞'（2n＝60）。
E, F：'佃島'（2n＝60）。
G, H：'千寿'（2n＝30Ⅱ）。
スケールは10μm。

Column ─── 5

ヒメツワブキ(姫石蕗)の正体

　最近、ヒメツワブキという植物が流通している。ツワブキをミニチュア化させたような形態で、高さは15cmもない繊細な植物である。野趣に富み、盆栽の添え物に格好である。ラベルにはキク科ツワブキ属と書かれているが、もちろんツワブキ属ではない。
　インターネットで検索してみたところ、あるサイトに中国雲南省産でキク科のクレマントディウム・カンパヌラツム *Cremantodium campanulatum* であると書かれてあり、別のサイトでもこれを引用したらしい記述があった。しかしこの種では、舌状花のように見えるものは総苞片で、色も赤紫色であることから、明らかな誤同定である。中国の植物は、最近『中国植物志』の英語版『Flora of China』と別冊の図集が出版され、ずいぶん調べやすくなった。当たってみるとクレマントディウム属は中国に69種あるが、どれも該当しない。
　気になったのでヒメツワブキを2個体購入し、調べてみることにした。入手して驚いたのは、2つの個体間には、いわゆる花茎の長さや葉の色、毛の密度にかなりの違いがあることだった。交雑種の場合、形質の分離による変異がみられることがあるので、指標として花粉稔性を調べてみた。コットンブルーによる染色率は、右の個体は23.9%しかなく雑種性が疑われるレベルであったが、左の個体は87.4%と高く、遺伝的に安定した種と考えられた。
　中国産の野生種という前提で『Flora of China』をあたってみると、日本にはないシノセネキオ属の、シノセネキオ・ボディニエリ *Sinosenecio bodinieri* (Vaniot) B.Nordenstam(黔西蒲儿根)の図が目に留まった。検索表と記載を読むと、非常によく似た種にシノセネキオ・コンフェルビフェル *S. confervifer* (H.Lév) Y.Liu & Q.E.Yang (西南蒲儿根)がある。ボディニエリは葉が広卵形または広楕円形、基部が切形または円形、縁に長毛があるのに対し、コンフェルビフェルは葉が円形または近円形、基部が心形または近切形、縁に短毛があるという違いだけで区別されるとしている。あらためて図を見ると、ボディニエリとされている図は、記載文ではむしろコンフェルビフェルに該当している。問題のヒメツワブキは頭花の直径が25mmほどあって、記載の20mmに比べてやや大きいが、その他の特徴はコンフェルビフェルと一致し、2個体の差も変異の内と考えられた。
　2種の分布は、ボディニエリが貴州省だけに分布するのに対し、コンフェルビフェルは四川省、雲南省、湖南省、貴州省、広西チワン族自治区に広く分布する。広い分布域をもつ種には地域的な形態の変異がみられ多型的になることから、ボディニエリは広く分布するコンフェルビフェルの一型とするのが妥当と思われた。
　ボディニエリの記載文の付記に、「この種はコンフェルビフェルに非常によく似ており、同種かもしれない」とある。同種だとすると、ボディニエリの方が *Senecio bodinieri* Vaniot (1902) としてコンフェルビフェル *Senecio confervifer* H.Lév (1914-1915) より先に発表されているため、シノセネキオ・ボディニエリの方が両種を含んだ名前として採用されることになる。実際に、シノセネキオの新種を記載した最近の Liu et al. (2011) はこの見解で書かれている。この論文には *Senecio confervifer* の基準標本の写真があり、それは『Flora of China』にあった「ボディニエリ」の図、そして問題のヒメツワブキの形態によく似ている。

花粉稔性の低いヒメツワブキ個体の素性については、野生種でも三倍体や異数体になると同程度に花粉染色率が低下することがあるため染色体数を調べてみた。2個体とも2n＝48であった。シノセネシオ属には染色体数2n＝60のグループと2n＝48のグループがあり、ボディニエリとコンフェルビフェルはどちらも2n＝48と報告されている。染色体数は同じであったため、種の識別はできなかったが、三倍体でも異数体でもない正常な個体であることが確認できた。ただ、ヒメツワブキが、コンフェルビフェルと、同じ染色体数グループ内の何かとの雑種子孫である可能性は否定できない。多数の個体の観察が必要である。

　結論として、ヒメツワブキは雑種でないとすれば『Flora of China』にあるシノセネキオ・コンフェルビフェルの可能性が高く、この種をシノセネキオ・ボディニエリと同種とみなす分類学的見解に立てば、命名規約から、先に発表されたシノセネキオ・ボディニエリと呼ぶのが正しいと思われる。

（中田政司）

ヒメツワブキの名前で流通している植物。

Column ──────────────────────── 6

ツワブキの植物画

　ドイツ人シーボルトはオランダ商館付きの医師として幕末の日本を訪れ、帰国後ツッカリーニと共著で『日本植物誌』を著し、多数の日本産植物をヨーロッパに紹介した。この中にツワブキとオオツワブキがある（Chapter 1参照）。
　『日本植物誌』は精細な植物画で知られており、印刷版下の多くはシーボルトが滞在中に日本の絵師に描かせて持ち帰った植物画が手本になっている。この植物画はシーボルトの死後ロシアに売却されたが、1990年代になってコマロフ植物研究所の図書室に保管されていたことが明らかになり、1995年に「シーボルト旧蔵日本植物図譜」として小田急美術館で展示された。この画は（株）丸善から復刻版が出版されているので、後に出版された『日本植物誌』の図と比較することができる。
　ツワブキのもとになった画は長崎の絵師、川原慶賀が描いたもので、『日本植物誌』の図には根茎が描き加えられ、葉の形に違いがみられるものの、構図はそっくりである。
　オオツワブキのもとの画も川原慶賀によるもので、線画で描かれた葉の形態はかなり異なる。ここに紹介できないのが残念だが、慶賀のもとの画は生き生きと描かれ、葉脚の両側が重なり合って葉全体が丸く傘状になるオオツワブキの特徴がよく表れている。一方、『日本植物誌』の図では葉脚が開いており、図鑑的で全く別物のように見える。慶賀の描いた葉がそのまま『日本植物誌』に使われていたら、オオツワブキに対する認識が違っていたかもしれない。

（中田政司）

シーボルト『日本植物誌』のツワブキの図。
（京都大学附属図書館所蔵）

シーボルト『日本植物誌』のオオツワブキの図。
（京都大学附属図書館所蔵）

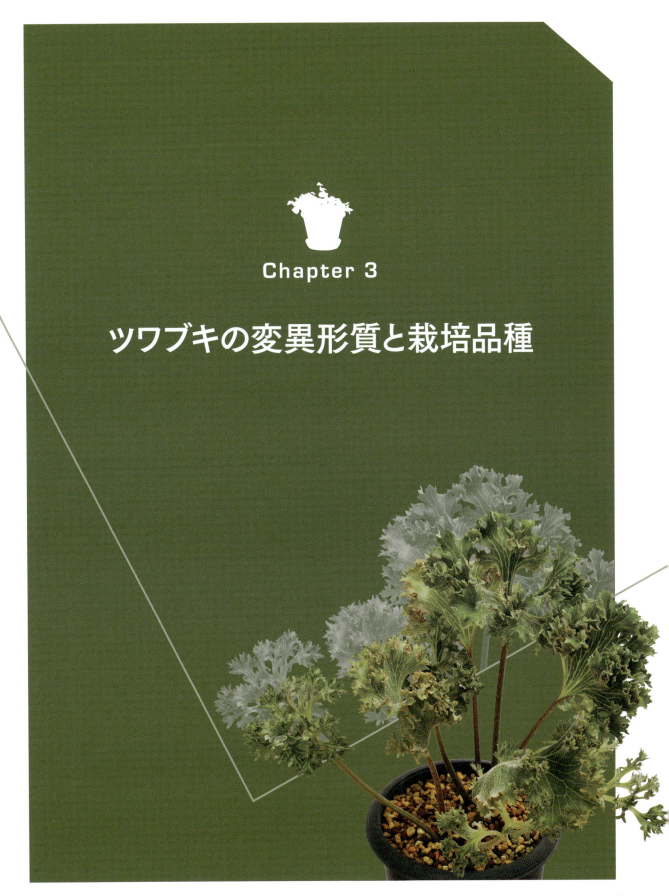

Chapter 3

ツワブキの変異形質と栽培品種

変異に関する用語の定義

　ツワブキの葉や花には多様な形質変異がみられる。先人はこのような形質に注目して、野生株の中から見出された突然変異体、栽培株から出現した芽条変異体、およびそれらの交配に由来する葉の形態変異や斑入り、花の形態変異や色変わりなどの変わり物を選抜し保存してきた。

　これらの中には、現在でも古典園芸植物として栽培されているものが少なくない。しかし栽培品種としてのツワブキの形質や品種の特性に関する記録は断片的なものしかなく、同じ形質に異なる用語が当てられたり、同じ品種に異なる名称が付けられたりしている。更には、形質に関する園芸用語には語意の変遷があるだけでなく、他の古典園芸植物で使われる用語からの借用もみられる。このような背景のもと、あいまいな意味のまま使われている用語を整理し、それぞれが一意的となるよう改めて定義し解説する。

　用語は可能な限り現在広く使用されているものを採用したが、細分化して新たに定義したり、未知の形質に新しい用語を与えたりしたものもある。

　なお本章では、頭状花序(頭花)を花と表記した。また頭状花序を支える柄は、植物学用語としては花序軸であるが、頭状花序を花と表記したことに合わせて花柄とした。

基礎的な用語

【葉物】　葉を鑑賞の対象としたものをいう。
【花物】　花を鑑賞の対象としたものをいう。
【春の葉／秋の葉】　ツワブキは1年に2回新葉を展開する。1回目は3～6月中に新葉を出し、7～8月中には出葉を休止する。その後9～11月中に2回目の新葉を出し、12月～翌年2月中には再び出葉を休止する。そこで春から夏に向けて出る葉を【春の葉】とし、秋以降に出る葉を【秋の葉】とする。
【並葉】　野生株にみられるような標準的な葉をいう。ツワブキにおいては形態変異の有無を示す場合に使われることが多い。
【並花】　野生株にみられるような標準的な花をいう。
【青葉】　斑が発現していない緑色の葉をいう。主に斑の有無を示す場合に使われる。
【青軸】　本来は赤色の色素が認められない緑一色の葉柄をいう。ツワブキではわずかに赤味を帯びていても青軸としている。
【地】【地合い】は同義語。葉の質感をいう。
【芸】　葉や花などに現れた形質変異をいう。
【春芸】　春の葉に芸が発現することをいう。
【秋芸】　秋の葉に芸が発現することをいう。
【通年芸】　通年に渡って芸が発現することをいう。
【多芸】【段芸】は同義語。例えば獅子芸と枝分かれ芸といった、複数の芸が同時に発現することをいう。
【本芸】　芸が最も著しく発現した状態をいう。
【小花】　ツワブキは多数の小さな花が集まって頭状花序を形成している。頭状花序を構成する個々の花をいう。
【中心花】【心花】は同義語。野生株の標準的な花では、外周部とその中(内)側の小花の形状が異なっており、中側に位置する小花をいう。
【周辺花】【辺花】は同義語。【中心花】に対して外周部に位置する小花をいう。
【筒状花】【管状花】は同義語。野生株の標準的な【中心花】にみられる小花をいう。花冠が筒状で先端が5裂する。
【舌状花】【筒状花】の対義語。野生株の標準的な【周辺花】にみられる小花をいう。花冠の基部は筒状で、中央から先は一方向に平坦に伸び、舌状になっている。

　以上のように【中心花】、【周辺花】は小花の位置を、【筒状花】、【舌状花】は小花の形を示す用語である。

1. 根出葉の変異

葉（葉身＋葉柄）の形態

【姫】(ヒメ) 【矮鶏（チャボ）】は同義語。全草が標準的な大きさより極めて小さくなった（矮化した）もの。葉身が丸いものは【豆葉（マメバ）】といわれる。

葉の形態：姫・矮鶏。

【襟巻き】(エリマ) 葉身が基部で表側あるいは裏側へ曲がるもの。

葉の形態：襟巻き。

35

【柳】(ヤナギ) 葉身の幅が狭く、葉が枝垂れるもの。

葉の形態：柳。

【猪口】(チョコ) 【盃（サカズキ）】は同義語。葉身が円形・扁円形で、中央が盃状に凹入し、葉柄が楯状に着くもの。

葉の形態：猪口・盃。

葉身全体の形態

【五目】(ゴモク) 各々の葉身の形や大きさが異なるもの。

葉身全体の形態：五目。

【剣】(ケン) 葉身が全裂〜深裂するとともに、裂片の幅が狭くなり、先端が尖るもの。

葉身全体の形態：剣。

【スクリュー】 葉身がスクリュー状に湾曲するもの。

葉身全体の形態：スクリュー。

【受け】 葉縁が内向きに曲がり込み、葉身が匙(さじ)状に窪むもの。

葉身全体の形態：受け。

【内巻き】 <small>ウチマ</small> 葉身が内曲するもの。

葉身全体の形態：内巻き。

【外巻き】 <small>ソトマ</small> 葉身が外曲するもの。

葉身全体の形態：外巻き。

【波(ナミ)】 葉身が波状に起伏するもの。

葉身全体の形態：波。

葉身表面の形態

【羅紗(ラシャ)】 葉身表面に微細な皺ができ、羅紗布のような地合になるもの。

葉身表面の形態：羅紗。

【縮緬】チリメン
葉身表面が皺状に細かく縮れるもの。

葉身表面の形態：縮緬。

【甲龍】コウリュウ
葉身に線状の隆起ができるもの。
表面に現れるものは【表甲龍】、裏面に現れるものは【裏甲龍】といわれる。
【縮緬】・【甲龍】は、『園藝大辞典』では【獅子】、『最新園芸大辞典』では【シガミ】、『園芸植物大事典』では【シカミ】と表記されている。

葉身表面の形態：甲龍。

【昇　龍】
ショウリュウ

葉身表面に棒状の突起ができるもの。通常は【縮緬】・【甲龍】を伴う。
【縮緬】・【甲龍】・【昇龍】は皺や突起の程度によって異なった形態にみえるが、各々には境界がなく連続している。

葉身表面の形態：昇龍。

【子持ち】
コモチ

葉身表面に葉状の突起ができるもの。

葉身表面の形態：子持ち。

【イボ】　葉身表面に半円球状の隆起ができるもの。
　　　　　隆起を裏からみると凹入して空洞になっている。

葉身表面の形態：イボ。

【打込み(ウチコ)】　葉身表面において葉脈が窪むもの。

葉身表面の形態：打込み。

葉身裏面の形態

【雨垂れ】(アマダ)

葉身裏面から棒状の突起が下垂するもの。
葉縁にも同様の芸がみられるが、分離し独立させた。
厳密には【葉身裏面の雨垂れ】である。

葉身裏面の形態：葉身裏面の雨垂れ。

【鈴虫剣】(スズムシケン)

葉身裏面において、主脈の末端が分離伸長し、針状の突起が出るもの。

葉身裏面の形態：鈴虫剣。

葉縁の形態

【獅子】 【牡丹(ボタン)】は同義語。葉縁が波状のヒダになるもの。
　　　　葉身は通常内曲し、同時に【波】を発現することが多い。
　　　　『本草図譜』では【しかみ】、『Kitamura(1939a)』では【Shigami-】と表記されている。

葉縁の形態：獅子・牡丹。

【フギレ】 葉縁が浅裂から深裂して掌状になるもの。
　　　　【モミジ】といわれることもあるが、台湾産の変種にモミジバツワブキがあるため、
　　　　混乱を避けるために【フギレ】とする。

葉縁の形態：フギレ。

【珊瑚】(サンゴ)

【フギレ】が著しくなり掌状複葉状になったもの。
【枝分れ】は葉柄が三又分枝し、複葉が一定の形であるのに対し、
【珊瑚】は葉縁が深く不規則に切れ込み、複葉が不定形である。
近年では【枝分れ】芸品種との交配によって、3出複葉で【珊瑚】芸の個体が作出されている。

葉縁の形態：珊瑚。

【毛隈】(ケグマ)

新葉の葉縁に微細な毛状突起(トライコーム)が密生するもの。
【毛隈】はその後に【子宝】あるいは【角】へと移行する。
子宝芸や角芸までの途中の芸ではあるが、鑑賞価値が高いため独立させた。

葉縁の形態：毛隈。

【子宝】 葉縁から葉状の突起が出るもの。
【毛隈】に移行することなく【子宝】が現れる個体が多い。

葉縁の形態：子宝。

【角】 葉縁で葉脈の末端部が角状に突き上がるもの。

葉縁の形態：角。

Chapter 3

【爪】 葉縁で葉脈の末端部から爪状の突起が出るもの。
　ツメ

葉縁の形態：爪。

【雨垂れ】 葉縁から棒状の突起が下垂するもの。
　アマダレ　　　この芸は前述のように葉身裏面にも発現する。厳密には【葉縁の雨垂れ】である。

葉縁の形態：葉縁の雨垂れ。

【表巻き】(オモテマ) 葉縁が葉身表面側に巻き込むもの。

葉縁の形態：表巻き。

【裏巻き】(ウラマ) 葉縁が葉身裏面側に巻き込むもの。

葉縁の形態：裏巻き。

葉柄の形態

【石化】(セッカ)

【石化】と【帯化】は同義で、分裂組織に異常が生じることが起因となって器官が帯状になる現象である。ツワブキの葉柄には異なる3つのタイプがみられるが、今までは全て【石化】という1つの範疇に収められてきた。

そこで今後は、【石化】・【達磨性石化】・【帯化】に細分する。

【石化】は、葉の基部から先端に向かうにつれて幅が広くなるとともに、葉身と葉柄が連続して境界が不明瞭なものをいう。葉の伸長とともに、当初あった毛状突起が脱落するものが多い。

葉柄の形態：石化。

【達磨性石化】(ダルマショウセッカ)

'達磨獅子'に代表されるような、葉の基部から先端に向かうにつれて幅が広くなるとともに、葉身と葉柄の境界が明瞭なもの。

葉柄には微細な毛状突起が密生する。【石化】と【達磨性石化】は大多数の個体で明確に区別できるが、稀に中間的なものもみられる。

葉柄の形態：達磨性石化。

【帯化】（タイカ） 葉柄が同じような幅で帯状に扁平化するもの。

葉柄の形態：帯化。

【枝分れ】（エダワカ） 本来の単葉が複葉化するもの。多くは3出複葉または2回3出複葉になる。通常は草勢が乏しいときは単葉に、充実すれば複葉になる。

葉柄の形態：枝分れ。

【尻尾(シッポ)】 主に枝分かれ芸の個体において、葉身の基部あるいは小葉柄の基部から棒状の突起が出るもの。

葉柄の形態：尻尾。

【麒麟(キリン)】 葉柄から、小葉柄を持った葉状の突起が出るもの。

葉柄の形態：麒麟。

葉柄の色

葉柄の色には緑色から
赤褐色までの幅がある。

葉柄の色の変異。

葉身の斑の模様

横井・広瀬 (1979)『原色斑入り植物写真集』を参考にして、大まかに分類した。

【覆輪斑・覆輪くずれ斑】
フクリンフ　フクリン　フ

葉縁に沿って発現する斑をいう。遺伝的に異なる細胞群が1つの葉に混在することによっておこり、キメラといわれる。斑の色によって【白覆輪】・【黄覆輪】、斑の面積によって【糸覆輪】・【細覆輪】・【深覆輪】あるいは【大覆輪】などといわれる。ツワブキでは【覆輪斑】は稀で、【覆輪くずれ斑】が多い。

葉身の斑の模様：深覆輪斑。

葉身の斑の模様：覆輪くずれ斑。

【中斑】 （ナカフ）

【内斑（ウチフ）】は同義語。
葉身の中央部に発現する斑をいう。
キメラである。

葉身の斑の模様：中斑・内斑。

【掃込み斑】 （ハケコミフ）

葉脈から葉縁に向かって発現する、刷毛で掃いたような斑をいう。キメラである。

葉身の斑の模様：掃込み斑。

葉身の斑の模様：中斑と掃込み斑の中間的な模様。

【うぶ斑】 （フ）

【幽霊斑（ユウレイフ）】は同義語。全葉が葉緑体の無い白色やきわめて少ない乳白色で、後暗みしない斑をいう。【うぶ斑】だけになった株は、衰弱しやがては枯死する。キメラである。

葉身の斑の模様：うぶ斑・幽霊斑。

【星斑】
ホシフ

【蛍斑（ホタルフ）】は同義語。葉身に不規則な円状に発現する斑をいう。緑の地と斑の境界が不明瞭である。他の植物において、【蛍斑】とは「新葉のみが白の【うぶ斑】になるものを指す」とされているが、ツワブキでは【星斑】を指すのが一般的である。非キメラである。

葉身の斑の模様：星斑・蛍斑。

【ぼた斑】
フ

【牡丹斑（ボタンフ）】は同義語。葉身に星斑より大きく不規則に発現する斑をいう。緑の地と斑の境界が不明瞭である。斑の大きさは星斑と連続している。非キメラである。

葉身の斑の模様：ぼた斑・牡丹斑。

【金環斑】
キンカンフ

葉縁に覆輪状に入る斑をいう。緑の地と斑との境界が不明瞭である。非キメラであることから、キメラの【覆輪斑】から分離し独立させた。

【散り斑】
チリフ

葉身の一部または全部に発現する点状の斑をいう。斑の形状によって、【砂子斑（スナゴフ）】・【胡麻斑（ゴマフ）】などといわれることがある。本書ではこれらも含めて【散り斑】とした。非キメラである。

葉身の斑の模様：散り斑。

【脈斑】
ミャクフ

【条斑（スジフ）】は同義語。
葉脈に沿って発現する斑をいう。非キメラである。

葉身の斑の模様：脈斑・条斑。

【網斑】
アミフ

【網目斑（アミメフ）】は同義語。
網目状に発現する斑をいう。非キメラである。

葉身の斑の模様：網斑・網目斑。

葉身の斑の時間変化と発現期

新葉の展開時から斑が発現することを【天冴え（テンザエ）】という。発現した斑が時間の経過とともに消えて青葉に移行することを【後暗み（ノチグラミ・アトグラミ）】という。反対に青葉で出葉し後に斑が発現することを【後冴え（ノチザエ・アトザエ）】という。これらは発現した斑の時間変化を示した用語である。【天冴え】の斑には【後暗み】するものとしないものがある。ツワブキでは【後冴え】の個体はみられない。

また春または秋に出る新葉のみに斑が現れ、それ以外の時期に出る葉には斑が発現しないといった【季節性の斑（キセツセイノフ）】もみられる。このような【季節性の斑】にも【後暗み】するものとしないものがある。斑の時間変化と発現期には相関関係がない。

葉身の斑の時間変化と発現期。

【曙斑】（アケボノフ）

新葉の全体または大部分に発現し、【後暗み】する斑をいう。斑の時間変化及び斑の模様の意味が含まれている。

葉身の斑の時間変化と模様：曙斑。

葉身の斑の時間変化と模様：曙斑。

2. 花柄に付く葉の変異

花柄に付く葉の形態と斑の模様

花柄に付く葉の形態と斑の模様は、
根出葉と相関関係があることが多い。

花柄に付く葉の形態：
根出葉と同様の形態の
獅子・角。

花柄に付く葉の斑の模様：
根出葉と同様の模様の覆輪くずれ斑。

花柄に付く葉の斑の模様：
根出葉と同様の模様の掃込み斑・散斑・うぶ斑。

3. 花柄の変異

花柄の形態

【帯化】（タイカ） 花柄が帯状に扁平化するもの。

花柄の形態：帯化。

【枝分れ】（エダワカ） 【スプレー】は同義語。花柄が分枝するもの。

花柄の形態：枝分れ・スプレー。

4. 花の変異

頭花(小花)の形態

【千重咲き】(センエザ) 中心花・周辺花とも同形の舌状で、大きさが連続するもの。

花の形態：千重咲き。

【唐子咲き】(カラコザ) 中心花・周辺花とも舌状であるが、中心花が周辺花より明確に小さいもの。

花の形態：唐子咲き。

【丁字咲き】 中心花が大きく管状（円筒状）になったもの。

花の形態：丁子咲き。

【管咲き】
周辺花の舌状花冠が完全な円筒状になるもの。

花の形態：管咲き。

【星咲き】
周辺花の舌状花冠が【表巻き】するもの。

花の形態：星咲き。

【半管咲き】 （ハンクダザキ）

周辺花の舌状花冠の基部が円筒状になり、先端に向かって途中で裂けるものをいう。先端は切れ込むことが多い。

花の形態：半管咲き。

【千鳥咲き】 （チドリザキ）

周辺花の舌状花冠の大きさが異なるもの。

花の形態：千鳥咲き。

【縮咲き】
チヂミザキ

花が萎縮するもの。個体によって多様な形態がみられるため、今後は基準を設けて細分類する必要がある。本書では萎縮の程度を相対的にみて、顕著な・中間的な・軽微な、に分けた。草勢によって萎縮の程度が変化する個体がある。

花の形態：顕著な縮咲き。

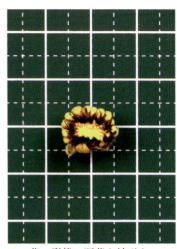
花の形態：顕著な縮咲き。

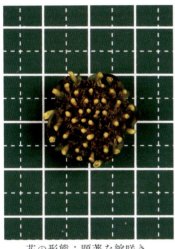
花の形態：顕著な縮咲き。

花の形態：中間的な縮咲き。

花の形態：中間的な縮咲き。

花の形態：軽微な縮咲き。

花の形態：軽微な縮咲き。

花の形態：軽微な縮咲き。

【茶筅咲き】 舌状花（舌状花冠）がみられないもの。

花の形態：茶筅咲き。

【帯化】 花が帯状になるもの。

花の形態：帯化。

他に、舌状花冠が内巻きするものなど、多様な変異がみられる。

花の形態：丁字咲き
舌状花冠／細弁・内巻き。

花の形態：千鳥咲き
舌状花冠／細弁・内巻き。

花の形態：千鳥咲き　舌状花冠／管咲き
筒状花／丁字咲き状。

花の形態：千鳥咲き　舌状花冠／内巻き
舌状花冠の先端／強い表巻き。

Column ─────────────────────────────── 7

花の咲き方

　椿、雪割草（ミスミソウ）、変化朝顔などには、花弁の管弁化や雌しべ・雄しべの平弁化・管弁化といった変異がみられ、変異の組み合わせの違いによる多様な咲き方が鑑賞の対象になっている。ツワブキにも幾つかの咲き方があるが、椿などとは花の構造が異なっている。

　椿は一輪が1つの花で、各々の花には雌しべと雄しべが備わっている。ツワブキの場合は、小花が多数集まって1輪（頭状花序）を形成していて、中心部には雌しべと雄しべを備えた筒状花が、周辺部には雌しべだけを備えた舌状花がある。そこで千重咲きを例に挙げると、椿では雌しべと雄しべが平弁化しているのに対し、ツワブキでは筒状花が舌状化していて同じ千重咲きといえども、椿とツワブキは異なった構造になっている。しかし、園芸的には区別する必要がないことから、ツワブキの咲き方を示す用語は便宜上椿などにならっている。

　ツワブキには唐子咲きや丁子咲きといった咲き方をする品種が見られる。これらの中の特定の品種には、1本の花茎に双方の咲き方が混じったり、中間的な形になったりするものもあれば、年によってあるいは栽培環境によってどちらか一方の咲き方になるものもある。このような個体は、株に力があれば唐子咲き、なければ丁子咲きになる傾向がある。

（奥野　哉）

'花宴'唐子咲きの花。

'花宴'丁字咲きの花。

頭花（舌状花冠）の色

【濃色】 舌状花冠が赤味を帯びた黄色になるもの。
【橙色・山吹色・オレンジ色・柿色】などといわれている。

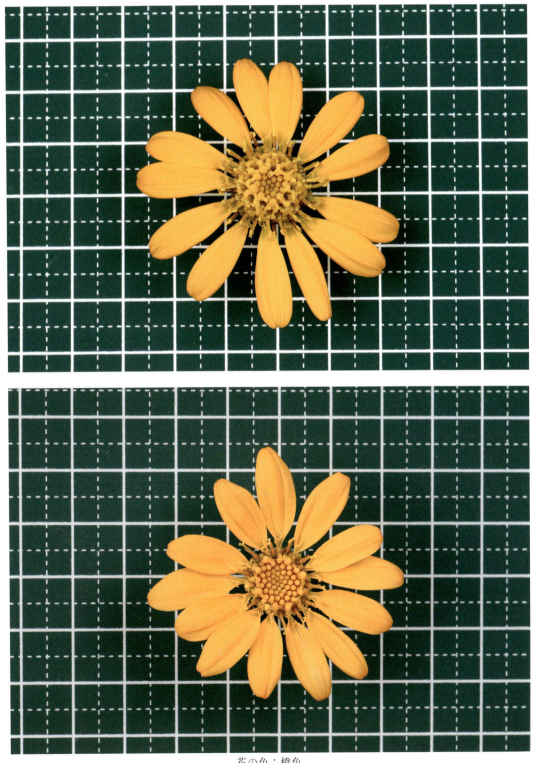

花の色：橙色。

【黄白色】

舌状花冠が黄味を帯びた白色になるもの。
愛好家の間では白花といわれている。
咲き始めは黄白色で、時間の経過とともに
黄味が抜けるが、白色にはなりきらない。

花の色の変異：黄白色。

花の色の変異：黄白色。

花の色の変異：黄白色。

花の色の比較：
　左から黄白色、黄色、橙色。

他に、檸檬色や緑色を帯びた舌状花冠、緑色の中心花もみられる。

蕾（総苞）の斑の模様

総苞の斑の模様は、根出葉の斑の模様と相関関係があることが多い。

総苞の斑の模様：根出葉と同様の模様の掃込み斑・散り斑。

5. 種子の変異

種子（痩果）の形態と色

形態芸品種を子房親にして得られる種子の形態と色は多様である。長さは4〜11mmで、太さにも相違があり、形は標準的な円柱形の他、やや扁平なものや曲がったものなどがある。色も黒色・黒褐色・茶褐色・灰褐色などと変化に富んでいる。並葉の斑入り品種でも、長さ・色に形態芸品種と同様の多様性がみられる。これらは子房親に由来する形質である。同一個体から採れた種子は多少の相違があるものの、概ね一定の表現型を示す。

種子の形態と色の比較。

以上は現在行われている、外見を基に行った園芸的分類である。しかし特に葉の形態変異においては、異なる見地からの分類も有意義と考えられる。例えば顕微鏡下では、【雨垂れ】は維管束組織が葉縁から突出する変異で、【羅紗】は表皮組織の変異であることが観察されている。
今後はこのような発生学的・解剖学的なアプローチも必要で、観察結果如何では上記の分類は改められるかもしれない。

Column ──────── 8

今も自生している白花の個体

　今でもひっそりと白花の個体が自生している。10年程前に偶然出会って以来、開花期になると毎年会いに行くのが恒例になった。今年はどうだろうと行ってみると、いつもさりげなく花を咲かせている。

　白花の個体は、'白涛''白馬''大社白（白兎）'とこの個体以外に、徳島県・沖縄県でも見つかっている。何れも咲き始めは薄黄色で、開花後徐々に白くなる。きっとまだどこかにあるだろう。

（奥野　哉）

Column ──────── 9

トライコーム（毛状突起）

　ツワブキの新芽を覆っている短い毛は、トライコーム（trichome）といわれ、日本語で毛状突起と訳されている。

　トライコームは葉や茎などの表皮細胞が分化したもので、強光に対する防御、気孔からの過度な蒸散の防止、害虫の防除などの役割を担っているようである。

　葉身裏面にあるトライコームは、通常葉が古くなっても残っている。葉身表面や葉柄にあるトライコームは時間の経過とともにおおむね剥がれ落ちるが、中には脱落しにくい品種もある。

　葉身表面に残るものとしては'雪紅牡丹''白浜獅子''麒麟樹'といった獅子芸品種が代表的である。

　葉柄に残るものとしては'達磨獅子''布袋''姫達磨'といった達磨性石化芸品種などがある。これらの品種のかもし出す質感は鑑賞価値が高い。

（奥野　哉）

変異に関する用語など

根出葉の変異	葉(葉身+葉柄)の形態	姫・矮鶏
		襟巻き
		柳
		猪口・盃
	葉身全体の形態	五目
		剣
		スクリュー
		受け
		内巻き
		外巻き
		波
	葉身表面の形態	羅紗
		縮緬
		甲龍
		昇龍
		子持ち
		イボ
		打込み
	葉身裏面の形態	雨垂れ
		鈴虫剣
	葉縁の形態	獅子・牡丹
		フギレ
		珊瑚
		毛隈
		子宝
		角
		爪
		雨垂れ
		表巻き
		裏巻き
	葉柄の形態	石化
		達磨性石化
		帯化
		枝分れ

根出葉の変異	葉柄の形態	尻尾
		麒麟
	葉柄の色	緑色〜赤褐色、茶褐色
	葉身の斑の模様	覆輪斑、覆輪くずれ斑
		中斑
		掃込み斑
		うぶ斑・幽霊斑(P54参照)
		星斑・蛍斑
		ぼた斑・牡丹斑
		金環斑
		散り斑
		脈斑・条斑
		網斑・網目斑
		曙斑
	葉身の斑の時間変化と発現期	後暗み性の有無
		季節性の有無
花柄に付く葉の変異	葉柄に付く葉の形態	根出葉の形態に準じる
	葉柄に付く葉の斑の模様	根出葉の斑の模様に準じる
花柄の変異	葉柄の形態	帯化
		枝分れ・スプレー
花の変異	頭花(小花)の形態	千重咲き
		唐子咲き
		丁字咲き
		管咲き
		半管咲き
		千鳥咲き
		星咲き
		縮咲き
		茶筅咲き
		帯化
		その他
	頭花(舌状花冠)の色	濃色
		黄白色
		その他
	蕾(総苞)の斑の模様	根出葉の斑の模様に準じる
種子の変異	種子(痩果)の形態	大きさ、形
	種子(痩果)の色	色の濃淡

Column ――――――――――――――――――――――――――――――― 10

キメラ斑と非キメラ斑、斑の表記

　斑入り品種の'銀月'・'金環'・'天星'の組織培養を試みた。茎頂由来のシュート（苗条・芽条などといわれる茎と葉からなる単位）を元にして増殖させたシュートと葉片培養由来のシュートを、伸長・発根させ幼植物体を得た後に、馴化して斑の安定性を調べた。

'銀月'
茎頂：茎頂から伸長したシュートには斑が発現したが、そのシュートを元にして増殖させると緑色シュートとアルビノシュート（葉緑体が欠如したシュート）に分離した。最終的に緑色シュートは斑が無い緑色の幼植物体・苗になり、アルビノシュートは枯死した。
葉片：緑色の葉片からは緑色シュートが、緑色の色素がみられない斑入りの葉片からはアルビノシュートが発生した。斑入りの層と緑色の層が重なったとみられる葉片から発生したシュートは緑色シュートとアルビノシュートに分離した。最終的に緑色シュートは斑が無い緑色の幼植物体・苗になり、アルビノシュートは枯死した。

'金環'・'天星'
　茎頂から伸長したシュートを元にして増殖させたシュートと葉片から発生したシュートともに斑が発現し、最終的に元株と同じ斑の幼植物体・苗になった。葉片は斑が有る部位と斑が無い部位を任意に採取した。

　この結果からツワブキの斑入りには、'銀月'のように遺伝的に異なる細胞群が1つの葉に混在したキメラ斑と、'金環'・'天星'のように同じ細胞で構成された完全変異体の非キメラ斑があることが分かった。
　なお、キメラ斑では緑色の地と乳白色の斑との境界が明瞭であるのに対し、非キメラ斑では不明瞭である。

　現在のところ、斑について説明する際には、模様だけが示されるだけで、季節性や後暗みの有無といった時間変化については付属的に扱われている。また'銀月'と'金環'は同じ覆輪斑として扱われているが、細胞レベルからみると上記のように異なった形質である。以上から今後は、時間変化については勿論のこと、できればキメラであるか否かも勘案した斑の表記が必要と考えている。
　そこで商品情報をより正確にするために、また育種・研究を進めるうえでの参考となるように、斑の説明においては以下の❶～❹を明示することを提案する。
❶ 季節性：季節性有りとは春または秋の一定期間に斑が発現し、その他の期間は青葉を出すことで、季節性無し（通年性）とは通年に渡り斑が発現することである。
❷ 後暗み：後暗みするとは発現した斑が時間の経過とともに消失し青葉になることで、後暗みしないとは発現した斑がその葉が枯れるまで消失しないことである。季節性の斑には、後暗みする斑としない斑がある。
❸ 斑の模様：従来から示されている斑の類型に従う。
❹ キメラ斑と非キメラ斑：目視では判別が難しい。一般的には、覆輪斑・覆輪くずれ斑・中斑・掃込み斑がキメラ斑で、星斑・ぼた斑・金環斑・散り斑・脈斑・網斑は非キメラ斑である。また栽培中に青葉やうぶ斑（幽霊斑）が出る個体はキメラである可能性が高い。

参考までに組織培養の材料にした3品種について示す。
'銀月'：季節性でない、後暗みしない、覆輪くずれ斑など（キメラ斑）。
'金環'：季節性である、後暗みしない、金環斑（非キメラ斑）。
'天星'：季節性でない、後暗みしない、星斑（非キメラ斑）。

（奥野　哉）

品種の解説

　解説にあたって、観察材料やデータの取得方法といった諸事項を示す。

■ **選定した品種・個体と配列**　特定の形質に偏ることがないよう選定し、多様な変異形質を網羅した。多芸品種においては象徴的な変異を取り上げた。変異に関する用語の表に従い配列した。

■ **掲載写真**　葉物は本芸の写真を掲載した。

　葉物で春と秋の形態が異なる品種は、適宜例を挙げて変化の様子を示した。

■ **導入した個体**　アスタリスクマーク（＊）が無い品種は、筆者が外部から導入したもので、品種名は導入時の名称を踏襲した。

■ **交配によって作出した個体**　アスタリスクマークが1つ「＊」付いている品種は、筆者が交配によって作出したものである。

■ **野生株から選抜した個体**　アスタリスクマークが2つ「＊＊」付いている品種は、筆者が自生地で発見したものである。

■ **栽培環境**　一年を通して露天で鉢栽培し、6月中旬～9月中旬は50％の遮光をした。

■ **供試数**　1品種につき3株（鉢）を観察した。

■ **鉢の大きさ**　備考の後に植え込んだ鉢の大きさを記した。栽培条件をできる限り同様にするために、原則として4号鉢を使用したが、苗の大きさに合わせてやむなく他の大きさの鉢を用いた場合もある。

■ **草丈**　ツワブキは、早春から夏にかけて新葉を展開する。その後1～2ヶ月は出葉を停止し、早いものでは8月初旬から、遅いものでも9月に入ると古い葉が枯れ始めるとともに、再び新葉を展開する。そこで1年を通して草丈がさほど変化しないものは、任意の日に測定した。一方複雑な形態芸を示すものは、芸が顕著になればなるほど草丈が低くなる傾向がある。このことから、秋芸の品種は春の葉が枯れてから、春芸の品種は秋の葉が枯れてから、本芸の現れた新葉が伸びて固まった時に測定した。各々の株において、地上部から垂直に最も高い位置の葉までの距離を測定してから3株の平均値を求めた。

■ **葉長**　草丈を測定した葉と同一の葉を測定した。曲がった葉は直線状に伸ばし、葉柄＋葉身の長さを測定してから3株の平均値を求めた。草丈・葉長の後には大まかな測定期を記した。

■ 上記の測定値は各品種の大きさを比較するうえでの参考となるように表記した。草丈・葉長の大きさそのものは栽培環境によって相当異なることを理解されたい。

■ **葉の変異**　形態変異については、本芸を示す時期を≪通年≫・≪春～夏≫・≪秋～冬≫などと記した。

　また発現する時期が定まらない場合は≪不定期≫、発現率が低い場合は≪稀≫とした。変異が認められない場合は「変異無」とした。変異の程度は写真で判断されたい。個々の品種の解説で記した変異の発現時期は標準的なもので、示した時期以外に発現することも珍しくない。葉縁の変異は葉身の変異に含めた。

　斑については、発現する時期・斑の模様・後暗みや季節性の有無を記した。キメラ斑の個体は異なる幾つかの模様を発現する場合が多い。そこで発現した模様の各々を並記することとし、【散り斑縞】・【掃込み覆輪くずれ斑】などといった複数の模様を示す用語は使わないようにした。また全ての【星斑】・【ぼた斑】は後暗みしない非キメラ斑であるため、後暗みの有無についての記載は省略した。

■ **花と花柄**　本章では、頭状花序（頭花）を花と表記した。また頭状花序を支える柄は、植物学用語としては花序軸であるが、頭状花序を花と表記したことに合わせて花柄とした。

■ **花の変異**　形態については、花（小花）に変異が認められれば咲き方や舌状花冠の形などを記し、認められない場合は「変異無」とした。葉に形態変異を示すものは多少なりとも花にも変異が見られるが、変異が些細な場合も同様に「変異無」とした。また矮性や著しい形態芸品種には抽苔しない品種が多くある。開花したことがないものは「未開花」とした。

　筒状花（冠）・舌状花（冠）の形態変異に関する用語は、葉の変異に関する用語に準じた。

　花が鑑賞の対象とされているものは花径も示した。花柄の頂部または頂部付近にある最大の花の直径を測定した。花の大きさは栽培環境に関わらず毎年ほぼ安定している。

　花色については、明らかに変異が認められるものに限り記載した。ツワブキの花色には、黄色の濃淡があったりごく薄い緑色を帯びたりと、ある程度の色の幅がある。顕著な色変わりが認められないものは全て「黄色」とした。

■ **花柄などその他の変異**
その他の器官に認められた変異も記載した。

'伊都姫' イトヒメ Ito-hime

【草丈】1.4cm 【葉長】2.7cm［10月中旬］
【葉】形態：本芸は通年
≪通年≫葉：豆 葉身：裏巻き
【花】形態：縮咲き 色：薄黄色
◆備考：福岡県糸島市産、命名者／高宮園、情報の入手先／高宮園（熊本県熊本市）。根茎は細く短い。並葉が出たら'竜虎'（P93）と同様に対処されたい。（写真は3.5号鉢）

6月下旬：本芸の葉。

10月中旬：本芸の葉。

11月初旬：不定期に出る並葉。

'妖精'* ヨウセイ Yosei

【草丈】4.3cm 【葉長】5.8cm［10月下旬］
【葉】形態：本芸は通年
≪通年≫葉：姫 葉身：フギレ
【花】未開花

◆備考：夏は葉焼けしやすいので、やや日陰で管理する。（写真は3.5号鉢）

5月初旬：本芸の葉。

10月下旬：本芸の葉。

'姫楓'* ヒメカエデ Himekaede

【草丈】5.3cm 【葉長】7.2cm［9月下旬］
【葉】形態：本芸は通年
≪通年≫葉：姫　葉身：フギレ
【花】未開花
◆備考：葉柄は太く硬い。通常は春の葉が複葉になり、秋に向かうにつれて単葉になる。（写真は3号鉢）

5月初旬：本芸の葉。

6月中旬：本芸の葉。

9月下旬：本芸の葉。

'姫珊瑚'* ヒメサンゴ Himesango

【草丈】9.4cm 【葉長】10.2cm［5月初旬］
【葉】形態：本芸は春〜夏
≪通年≫葉身：内巻き・獅子・フギレ・角
≪春〜夏≫葉身：雨垂れ・珊瑚　葉柄：枝分れ・尻尾
【花】未開花
◆備考：秋には雨垂れ・枝分れ・尻尾が、夏から秋にかけては獅子が現れる。（写真は3号鉢）

'豆珊瑚'* マメサンゴ Mame-sango

【草丈】7.6cm 【葉長】9.3cm［5月初旬］
【葉】形態：本芸は春〜夏
≪通年≫葉身：内巻き・獅子・フギレ・角
≪春〜夏≫葉身：雨垂れ・珊瑚　葉柄：枝分れ・尻尾
【花】未開花
◆備考：雨垂れ・枝分れ・尻尾は主に珊瑚芸の葉に現れる。葉は斜上する。（写真は3号鉢）

5月初旬：本芸の葉。

5月初旬：本芸の葉。

'踊子' オドリコ Odoriko

【草丈】12.4cm 【葉長】13.6cm［6月中旬］
【葉】形態：本芸は通年
≪通年≫ 葉：五目　葉身：フギレ・鈴虫剣
【花】形態：変異無　色：黄色
◆備考：鈴虫剣が発現しない葉もある。極小輪花。
リュウキュウツワブキといわれている。
（写真は4号鉢）

6月中旬：本芸の葉。

7月初旬：葉縁に発現した鈴虫剣。

'鷹山' ヨウザン Yozan

【草丈】15.2cm 【葉長】17.3cm［10月下旬］
【葉】形態：本芸は通年
≪通年≫ 葉：五目
葉身：フギレ・角・裏巻き
≪不定期≫ 葉身：甲龍
【花】未開花
◆備考：葉には光沢がある。
長年に渡り抽苔したことがない。
（写真は4号鉢）

10月下旬：本芸の葉。

'雲龍獅子'*　ウンリュウジシ　Unryu-jishi

【草丈】16.1cm　【葉長】21.9cm［3月中旬］
【葉】形態：本芸は通年
≪通年≫葉：襟巻き
葉身：内巻き・波・獅子　葉柄：麒麟
【花】形態：縮咲き　色：黄色

◆備考：葉身は柔らかいが、葉柄は硬く倒れない。重厚な草姿。（写真は4号鉢）

3月中旬：本芸の葉。

10月初旬：本芸の葉。

'翔鶴'*　ショウカク　Shokaku

【草丈】20.3cm　【葉長】25.1cm［9月中旬］
【葉】形態：本芸は通年
≪通年≫葉：襟巻き
葉身：内巻き・波・獅子　葉柄：麒麟
【花】形態：縮咲き
色：舌状花冠・筒状花冠／黄色　冠毛／茶褐色
◆備考：葉身・葉柄ともに硬い。
小花の花冠周辺にあるものは茶褐色の冠毛である。（写真は4号鉢）

9月中旬：本芸の葉。

9月中旬：本芸の葉。

11月中旬：顕著な縮みを示す花。

'火山烽' カザンホウ Kazanho

【草丈】20.5cm 　【葉長】25.2cm［9月中旬］
【葉】形態：本芸は春・秋

≪春・秋≫ 葉：猪口
≪主に秋≫ 葉身：羅紗・縮緬・昇龍・子持ち
【花】形態：変異無　色：黄色
◆備考：現存する中で猪口芸を示す唯一の品種とされている。猪口の発現率は低く安定しない。
（写真は4号鉢）

9月中旬：本芸の葉。

5月下旬：葉身基部に発現した子持ち。

'緑翠剣'* リョクスイケン Ryokusuiken

【草丈】6.3cm　【葉長】6.9cm［10月中旬］
【葉】形態：本芸は秋～冬
≪通年≫ 葉身：内巻き・フギレ・角・雨垂れ・裏巻き
葉柄：枝分れ・尻尾
≪秋～冬≫ 葉身：剣
【花】形態：半丁子咲き　色：黄色
◆備考：尻尾は短い。小分けすると草姿が乱れるため、複数の芽を付けた株立ちの状態で植え付ける。
（写真は4号鉢）

10月下旬：本芸の葉。

10月中旬：本芸の葉。

10月中旬：本芸の葉。

'剣の舞'* ツルギノマイ Tsurugi-no-mai

【草丈】4.2cm 　【葉長】4.9cm［10月下旬］
【葉】形態：本芸は秋〜冬
≪通年≫ 葉身：内巻き・フギレ・角　葉柄：枝分れ
≪秋〜冬≫ 葉身：剣・子宝　葉柄：石化
【花】未開花
◆備考：子宝は長い。'緑翠剣'と同様に、複数の芽を付けた株立ちの状態で植え付ける。
（写真は4号鉢）

10月下旬：本芸の葉。

10月下旬：本芸の葉。

10月下旬：本芸の葉。

8月中旬：夏の葉。

'折鶴'* オリヅル Orizuru

【草丈】3.6cm 　【葉長】4.2cm［10月中旬］
【葉】形態：本芸は秋〜冬
≪通年≫ 葉身：内巻き・雨垂れ・フギレ・角
葉柄：石化・枝分れ
葉身：内巻き・波・獅子
≪秋〜冬≫ 葉身：剣・子宝
［斑］≪春〜夏≫ 乳白色の脈斑：後暗みしない
非キメラ斑・季節性
【花】未開花
◆備考：子宝の発現は安定している。
葉柄は石化し、枝が分かれる。
（写真は4号鉢）

4月初旬：春の葉。

10月中旬：本芸の葉。

8月中旬：夏の葉。

'雷神' ライジン Raijin

【草丈】14.7cm 　【葉長】16.9cm［11月中旬］
【葉】形態：本芸は通年
≪通年≫ 葉身：スクリュー・羅紗
≪不定期≫ 葉身：波
【花】形態：変異無
　色：舌状花冠／濃黄色　筒状花／赤茶色
◆備考：スクリューは隠微。
花柄が枝分れすることがある。
（写真は4号鉢）

12月中旬：本芸の葉。

11月中旬：本芸の葉。

11月初旬：舌状花冠が濃黄色、筒状花が赤茶色の花。

'梵天' ボンテン Bonten

【草丈】12.7cm 　【葉長】14.2cm［10月中旬］
【葉】形態：本芸は通年
≪通年≫ 葉身：スクリュー・波・羅紗
【花】形態：不定形　色：黄色
◆備考：'雷神'より小型。羅紗は強く、
スクリューも著しい。（写真は4号鉢）

10月中旬：本芸の葉。

11月初旬：本芸の葉。

11月下旬：不定形の花。

'佃島' ツクダジマ Tsukudajima

【草丈】8.2cm 【葉長】12.6cm［9月中旬］
【葉】形態：本芸は通年
≪通年≫ 葉身：受け・甲龍・表巻き
≪不定期≫ 葉身：フギレ・角
≪稀≫ 葉身：雨垂れ
［斑］≪春〜夏≫ 乳白色の散り斑：後暗みしない
非キメラ斑・季節性
【花】形態：不定形　色：黄色
◆備考：栽培環境によって多様な形態を示す。
普及品種。(写真は4号鉢)

5月初旬：本芸の葉。

9月中旬：本芸の葉。　9月中旬：本芸の葉。　8月初旬：本芸の葉。

'鶯羅'* オウラ Ora

【草丈】14.1cm 【葉長】17.7cm［9月中旬］
【葉】形態：本芸は通年
≪通年≫ 葉身：内巻き・羅紗・縮緬・獅子・裏巻き
≪稀≫ 葉身：昇龍
［斑］≪通年≫ 黄色の星斑・ぼた斑

【花】未開花
◆備考：羅紗は強く、獅子は弱い。
秋の葉にも春の葉と同様に多くの斑が発現する。
(写真は4号鉢)

8月中旬：本芸の葉。　　　　　　　9月中旬：本芸の葉。

'蛍灯'* ホタルビ Hotarubi

【草丈】14.8cm 【葉長】17.5cm［11月下旬］
【葉】形態：本芸は通年
≪通年≫ 葉身：内巻き・羅紗・縮緬・裏巻き
［斑］≪通年≫ 黄色の星斑・ぼた斑
【花】形態：舌状花冠／内巻き　色：黄色

◆備考：葉身は漏斗状。秋の葉にも春の葉と同様に多くの斑が発現する。（写真は4号鉢）

9月初旬：本芸の葉。

11月下旬：本芸の葉。

'友禅' ユウゼン Yuzen

【草丈】23.8cm 【葉長】28.7cm［5月下旬］
【葉】形態：本芸は通年
≪通年≫ 葉身：縮緬・裏巻き
≪不定期≫ 葉身：甲龍
［斑］≪通年≫ 黄色〜黄緑色の散り斑：後暗みしない非キメラ斑

【花】形態：舌状花冠／細弁　色：淡黄色
◆備考：陽に当てると斑が鮮明になる。本品種を子房親にした交配の次世代には、散り斑が遺伝する確率が高い。（写真は4号鉢）

5月下旬：本芸の葉。

散り斑・甲龍芸の個体 A*

【草丈】22.6cm
【葉長】26.8cm［6月初旬］
【葉】形態：本芸は通年
≪通年≫ 葉身：縮緬・甲龍・裏巻き
［斑］≪春〜初夏≫ 黄緑色の散り斑：後暗みする非キメラ斑・季節性
【花】形態：変異無
色：黄色
◆備考：'友禅'を子房親にした交配の次世代。舌状花冠の先端はフギレになる。
（写真は4号鉢）

6月初旬：本芸の葉。

散り斑・甲龍芸の個体 B*

【草丈】21.4cm
【葉長】25.9.cm［4月下旬］
【葉】形態：本芸は通年
≪通年≫ 葉身：縮緬・甲龍・裏巻き
［斑］≪春〜初夏≫ 黄色の散り斑：後暗みする非キメラ斑・季節性
【花】形態：変異無
色：黄色
◆備考：白黄色の散り斑の個体を子房親にした交配の次世代。
（写真は4号鉢）

4月下旬：本芸の葉。

散り斑・甲龍芸の個体 C*

【草丈】18.3cm
【葉長】22.5.cm［5月中旬］
【葉】形態：本芸は通年
≪通年≫ 葉身：縮緬・甲龍・裏巻き
［斑］≪春～初夏≫ 黄色～黄緑色の散り斑：後暗みする非キメラ斑・季節性
【花】形態：変異無
色：黄色
◆備考：'友禅'を子房親にした交配の次世代。
（写真は4号鉢）

5月中旬：本芸の葉。

'線香花火'* センコウハナビ Senko-hanabi

【草丈】21.2cm　【葉長】25.2cm［6月初旬］
【葉】形態：本芸は通年
≪通年≫ 葉身：縮緬・甲龍・裏巻き
【花】形態：千鳥咲き／花径56mm　舌状花冠／管咲き筒状花／丁字咲き状　色：黄色・薄い緑芯
◆備考：青軸青葉。花は多様な形態を示す。筒状花冠は長く伸びる。（写真は4号鉢）

11月初旬：薄い緑芯の花。

6月初旬：本芸の葉。

11月初旬：薄い緑芯の花。

'緑丸'* ミドリマル Midorimaru

【草丈】19.4cm 【葉長】21.3cm［5月下旬］
【葉】形態：本芸は通年
≪通年≫ 葉身：縮緬・甲龍・裏巻き
【花】形態：舌状花冠／細弁・内巻き
色：黄色
◆備考：青軸青葉。葉身は円く、葉柄は硬い。舌状花冠の先端はフギレになる。
（写真は4号鉢）

11月中旬：細弁・内巻きの舌状花冠。

5月下旬：本芸の葉。

'霧雲'* キリグモ Kirigumo

【草丈】13.3cm
【葉長】16.7cm［10月初旬］
【葉】形態：本芸は通年
≪通年≫ 葉身：縮緬・甲龍・裏巻き
【花】形態：変異無
色：黄色
◆備考：秋の葉でも縮緬・甲龍の発現が著しい。葉柄は短く硬い。
（写真は4号鉢）

10月初旬：本芸の葉。

'蛍竜'* ケイリュウ Keiryu

【草丈】19.0cm 【葉長】22.1cm［6月初旬］
【葉】形態：本芸は通年
≪通年≫ 葉身：縮緬・甲龍・裏巻き
［斑］≪通年≫ 白黄色の星斑・ぼた斑
【花】形態：舌状花冠／細弁 色：黄色
◆備考：'天の川'などの古い品種と異なり、葉柄が長く伸びることがない。舌状花冠の先端はフギレになる。
（写真は4号鉢）

11月初旬：細弁の舌状花冠。

6月初旬：本芸の葉。

6月初旬：本芸の葉。

8月初旬：本芸の葉。

'竜顔'* リュウガン Ryugan

【草丈】20.2cm 【葉長】22.1cm［8月中旬］
【葉】形態：本芸は通年
≪通年≫ 葉身：内巻き・縮緬・甲龍・爪・裏巻き
【花】未開花
◆備考：明瞭な爪を発現させる稀有な品種。葉柄は硬く倒れない。（写真は4号鉢）

10月中旬：本芸の葉。　12月初旬：本芸の葉。　8月中旬：本芸の葉。　12月中旬：本芸の葉。

'鬼面' キメン Kimen

【草丈】13.1cm　【葉長】16.2cm［11月下旬］
【葉】形態：本芸は通年
≪通年≫ 葉身：縮緬・甲龍・爪・裏巻き
≪稀≫ 葉身：外巻き・昇龍
【花】形態：不定形　舌状花冠／細弁・内巻き
色：黄色
◆備考：古くからある品種であるが最近では見かけることが少ない。昇龍は短い。舌状花冠の先端はフギレになる。（写真は4号鉢）

10月下旬：本芸の葉。

11月下旬：本芸の葉。

11月中旬：細弁・内巻きの舌状花冠。

'鬼童'* オニワラベ Oniwarabe

【草丈】11.3cm　【葉長】14.7cm［8月中旬］
【葉】形態：本芸は通年
≪通年≫ 葉身：縮緬・甲龍・爪・裏巻き
【花】未開花

◆備考：鬼面と同様の小型の品種。よく増殖し株立になりやすい。（写真は4号鉢）

8月中旬：本芸の葉。

8月下旬：本芸の葉。

'竜頭' タツガシラ Tatsugashira

【草丈】18.9cm　【葉長】24.3cm［5月初旬］
【葉】形態：本芸は通年
≪通年≫ 葉身：縮緬・甲龍・裏巻き
【花】形態：舌状花冠／裏巻き　色：黄色
◆備考：古くからある品種で'リュウトウ'
'リュウズ'ともいわれる。春の葉は秋の葉
より著しい芸を示す。普及品種。
（写真は4号鉢）

11月初旬：やや裏巻きの舌状花冠。

5月初旬：本芸の葉。

6月下旬：本芸の葉。

'叢雲'* ムラクモ Murakumo

【草丈】14.2cm　【葉長】16.9cm［9月中旬］
【葉】形態：本芸は通年
≪通年≫ 葉身：縮緬・甲龍・
角・爪・裏巻き
【花】形態：変異無　色：黄色
◆備考：通年に渡り著しい縮
緬・甲龍が発現する。1株で
10枚程度の葉を維持する。舌
状花冠の先端はフギレにな
る。（写真は4号鉢）

9月中旬：本芸の葉。

'竜虎' リュウコ Ryuko

【草丈】13.6cm 【葉長】17.4cm［6月初旬］
【葉】形態：本芸は通年
≪通年≫ 葉身：縮緬・甲龍
［斑］≪通年≫ 黄色の中斑・掃込み斑：後暗みしないキメラ斑
【花】形態：変異無 色：黄色
◆備考：'龍虎'とも書かれる。夏は形態芸が弱くなる。夏から秋にかけて青葉を出すことが多い。P218を参照のうえ対処されたい。普及品種。
（写真は4号鉢）

7月初旬：本芸の葉。

6月初旬：本芸の葉。

6月下旬：本芸の葉。

8月初旬：本芸の葉

'乱竜虎' ミダレリュウコ Midare-ryuko

【草丈】18.3cm 【葉長】20.4cm［5月初旬］
【葉】形態：本芸は通年
≪通年≫ 葉身：縮緬・甲龍
［斑］≪通年≫ 乳白色の掃込み斑・散り斑：後暗みしない非キメラ斑
【花】形態：変異無 色：やや濃い黄色
◆備考：緑草園（千葉県船橋市）から発表された品種。次の'白虎'系の個体とよく似ている。（写真は4号鉢）

5月初旬：本芸の葉。

'白虎'系の個体 A

【草丈】16.4cm
【葉長】17.6cm［5月初旬］
【葉】形態：本芸は通年
≪通年≫ 葉身：縮緬・甲龍
［斑］≪通年≫ 乳白色の掃込み斑・散り斑：後暗みしない非キメラ斑
【花】形態：変異無
色：やや濃い黄色
◆備考：'白虎（ビャッコ）'として導入した個体であるが、由来などの詳細は不明。
（写真は4号鉢）

5月初旬：本芸の葉。

'白虎'系の個体 B

【草丈】13.7cm
【葉長】15.9cm［5月初旬］
【葉】形態：本芸は通年
≪通年≫ 葉身：縮緬・甲龍
［斑］≪通年≫ 乳白色の掃込み斑・散り斑：後暗みしない非キメラ斑
【花】形態：変異無
色：やや濃い黄色
◆備考：塚脇利一氏（大阪府泉佐野市）が'白虎'系の個体として導入した個体。
（写真は4号鉢）

5月初旬：本芸の葉。

'祇園小町' ギオンコマチ Gion-komachi

【草丈】12.3cm 【葉長】14.9cm［3月下旬］
【葉】形態：本芸は通年
≪通年≫ 葉身：甲龍・フギレ
≪不定期≫ 葉身：表巻き
［斑］≪通年≫ 白黄色〜黄色の散り斑：後暗みしない非キメラ斑
【花】形態：変異無 色：黄色
◆備考：葉には光沢がある。抽苔することが少ない。普及品種。（写真は4号鉢）

3月下旬：本芸の葉。

7月初旬：本芸の葉。

'仁王'* ニオウ Nio

【草丈】5.2cm 【葉長】9.8cm［11月中旬］
【葉】形態：本芸は秋〜冬
≪通年≫ 葉身：内巻き・波・角・裏巻き
≪秋〜冬≫ 葉身：甲龍・昇龍・子持ち・フギレ ≪稀≫ 葉柄：石化
【花】未開花
◆備考：昇龍・子持ちは主に葉身基部周辺で発現する。（写真は4号鉢）

9月下旬：本芸の葉。

9月下旬：本芸の葉。

11月中旬：本芸の葉。

'不知火'* シラヌイ Shiranui

【草丈】9.4m　【葉長】13.2cm［11月初旬］
【葉】形態：本芸は秋～冬

≪通年≫ 葉身：内巻き・縮緬・甲龍・フギレ・角・裏巻き
≪秋～冬≫ 葉身：昇龍・子持ち
【花】未開花
◆備考：昇龍・子持ちは主に葉身基部周辺で発現する。（写真は4号鉢）

8月下旬：本芸の葉。

11月初旬：本芸の葉。

'毘沙門'* ビシャモン Bishamon

【草丈】7.2cm　【葉長】7.7cm［10月中旬］
【葉】形態：本芸は秋～冬
≪通年≫ 葉身：内巻き・縮緬・甲龍・角・裏巻き
≪秋～冬≫ 葉身：昇龍・子持ち
【花】未開花
◆備考：秋には著しい縮緬・甲龍と太く長い昇龍が発現する。（写真は4号鉢）

11月初旬：本芸の葉。

8月中旬：夏の葉。

9月中旬：本芸の葉。

10月中旬：本芸の葉。

'鳳凰柳' ホウオウリュウ Hooryu

【草丈】14.2cm 　【葉長】19.8cm［6月中旬］
【葉】形態：本芸は通年
≪通年≫ 葉：柳　葉身：縮緬・甲龍・昇龍・裏巻き
葉柄：帯化　≪稀≫ 葉柄：尻尾

【花】未開花
◆備考：葉は幅が狭く、枝垂れる。
夏には芸が弱くなる。抽苔したことがない。
（写真は4号鉢）

5月中旬：本芸の葉。　　　　　　　　　　6月中旬：本芸の葉。

'悟空'* ゴクウ Goku

【草丈】23.0cm 　【葉長】23.7cm［8月中旬］
【葉】形態：本芸は夏～冬
≪通年≫ 葉身：内巻き・甲龍
≪秋～冬≫ 葉身：波・昇龍・角・裏巻き　葉柄：石化
［斑］≪通年≫ 乳白色の脈斑：後暗みしない非キメラ斑
【花】形態：舌状花冠／内巻き　色：黄色
◆備考：夏～初秋の葉に昇龍が現れ、その後は角芸に
移行する。強い石化芸の葉には斑が発現しない。
（写真は4号鉢）

11月初旬：内巻きの舌状花冠。

8月中旬：昇龍の本芸。　　　7月下旬：昇龍の本芸。　　　11月初旬：角の本芸。

'飛蝶'* ヒチョウ Hicho

【草丈】10.5cm 【葉長】11.4cm［10月初旬］
【葉】形態：本芸は秋～冬
≪通年≫ 葉身：内巻き・縮緬・甲龍・フギレ・角・裏巻き
≪秋～冬≫ 葉身：昇龍　≪稀≫ 葉柄：石化
【花】未開花
◆備考：葉長の半分程度は昇龍である。葉柄が石化しない昇龍芸品種は少ない。春から秋は葉柄が柔らかいが、秋には硬くなり、真っ直ぐ立つ。
（写真は4号鉢）

10月中旬：本芸の葉。

8月中旬：夏の葉。

9月中旬：本芸の葉。

10月初旬：本芸の葉。

'夏龍'* カリュウ Karyu

【草丈】6.7cm 【葉長】8.0cm［7月初旬］
【葉】形態：本芸は夏～秋
≪通年≫ 葉身：内巻き・波・裏巻き　葉柄：石化
≪夏≫ 葉身：甲龍・昇龍・子持ち
≪秋≫ 葉身：子宝・角

【花】形態：変異無　色：黄色
◆備考：夏の葉に昇龍を発現する稀な品種。秋から翌春は子宝と角が混じる。（写真は4号鉢）

7月初旬：昇龍の本芸。　　　　　　10月中旬：角・子宝の本芸。

'山嵐'* ヤマアラシ Yamaarashi

【草丈】7.7cm 【葉長】10.3cm［10月中旬］
【葉】形態：本芸は秋〜冬
≪通年≫ 葉身：内巻き・縮緬・甲龍・裏巻き
≪秋〜冬≫ 葉身：昇龍・フギレ・角 葉柄：石化
【花】未開花
◆備考：昇龍は太いが数は少ない。重厚な草姿。
（写真は4号鉢）

9月中旬：本芸前の葉。

7月中旬：夏の葉。

10月中旬：本芸の葉。

'烽火'* ノロシ Noroshi

【草丈】7.5cm 【葉長】7.9cm［10月中旬］
【葉】形態：本芸は秋〜冬
≪通年≫ 葉身：内巻き・縮緬・甲龍・フギレ・角・裏巻き
≪秋〜冬≫ 葉身：昇龍 葉柄：石化
【花】形態：不定形 舌状花冠／内巻きなど 色：黄色
◆備考：栽培環境によって昇龍の形や数が変化する。舌状花冠の先端はフギレになる。（写真は4号鉢）

11月中旬：内巻きなどが混じった舌状花冠。

10月中旬：本芸の葉。

10月中旬：本芸の葉。

'篝火'* カガリビ Kagaribi

【草丈】8.6cm 　【葉長】9.7cm［10月中旬］
【葉】形態：本芸は秋～冬
≪通年≫ 葉身：内巻き・縮緬・甲龍・フギレ・角・裏巻き
≪秋～冬≫ 葉身：昇龍　葉柄：石化
【花】形態：舌状花冠／外巻き　色：黄色
◆備考：昇龍は春の葉にも発現することが多い。舌状花冠の先端はフギレになる。（写真は4号鉢）

12月初旬：本芸の葉。

9月中旬：本芸の葉。　　　7月中旬：夏の葉。

10月中旬：本芸の葉。

11月初旬：外巻きの舌状花冠。

'龍爪'* リュウソウ Ryuso

【草丈】6.3cm 【葉長】8.2cm［10月下旬］
【葉】形態：本芸は秋～冬
≪通年≫ 葉身：内巻き・縮緬・甲龍・フギレ・角・裏巻き
≪秋～冬≫ 葉身：昇龍　葉柄：石化
【花】形態：舌状花冠／内巻き　色：黄色

◆備考：昇龍は春の葉にも発現することが多い。毎年安定して多数の昇龍が現れる。（写真は4号鉢）

12月中旬：本芸の葉。

10月中旬：本芸の葉。

10月下旬：本芸の葉。

7月中旬：夏の葉。

'槍千本'* ヤリセンボン Yari-sembon

【草丈】6.9cm　【葉長】7.9cm［10月中旬］
【葉】形態：本芸は秋～冬
≪通年≫ 葉身：内巻き・弱い縮緬・フギレ・角・裏巻き
≪秋～冬≫ 葉身：昇龍　葉柄：石化

【花】形態：舌状花冠／内巻き　色：黄色
◆備考：毎年安定して多数の昇龍が現れる。舌状花冠の先端はフギレになる。（写真は4号鉢）

10月中旬：本芸の葉。

10月中旬：本芸の葉。

10月中旬：本芸の葉。

7月中旬：夏の葉。

10月初旬：本芸の葉。

11月初旬：内巻きの舌状花冠。

'八岐大蛇'* ヤマタノオロチ Yamata-no-orochi

【草丈】6.6cm 【葉長】7.9cm［10月中旬］
【葉】形態：本芸は秋〜冬
≪通年≫ 葉身：内巻き・フギレ・角・裏巻き
≪秋〜冬≫ 葉身：縮緬・甲龍・昇龍　葉柄：石化
［斑］≪春〜秋≫ 乳白色の脈斑：後暗みしない非キメラ斑・季節性
【花】形態：舌状花冠／外巻き　色：黄色
◆備考：秋には曙斑のような模様の葉が出ることがある。毎年安定して多数の昇龍が現れる。
（写真は4号鉢）

10月中旬：本芸の葉。

10月中旬：本芸の葉。

10月中旬：本芸の葉。

10月初旬：本芸の葉。

8月中旬：本芸前の葉。

'龍泉の舞' リュウセンノマイ Ryusen-no-mai

【草丈】7.8cm 【葉長】8.5cm［10月中旬］
【葉】形態：本芸は秋〜冬
≪通年≫ 葉身：縮緬・甲龍・フギレ・角・裏巻き
≪秋〜冬≫ 葉身：昇龍　葉柄：石化
【花】形態：舌状花冠／外巻き　色：黄色
◆備考：'風神'などとともに昇龍芸の先駆けになった品種。舌状花冠の先端はフギレになる。
（写真は4号鉢）

10月中旬：本芸の葉。

7月中旬：夏の葉。

9月初旬：本芸の葉。

9月初旬：本芸の葉。

11月中旬：外巻きの舌状花冠。

'緑王冠'* リョクオウカン Ryokuokan

【草丈】8.7cm 【葉長】10.8cm［10月下旬］
【葉】形態：本芸は秋〜冬
≪通年≫ 葉身：内巻き・縮緬・甲龍・フギレ・角・裏巻き
≪秋〜冬≫ 葉身：昇龍 葉柄：石化
【花】形態：舌状花冠／内巻き 色：黄色

◆備考：葉は黄味を帯びた緑色。他の品種より早く昇龍が発現し、9月初旬には完成する。秋から冬に発現する昇龍は長い。（写真は4号鉢）

9月下旬：本芸の葉。

10月下旬：本芸の葉。

10月中旬：本芸の葉。

4月下旬：春の葉。

'玄武兜'* ゲンブカブト Gembu-kabuto

【草丈】9.9cm 【葉長】11.2cm［9月中旬］
【葉】形態：本芸は秋～冬
≪通年≫ 葉身：内巻き・縮緬・甲龍・フギレ・角・裏巻き
≪秋～冬≫ 葉身：昇龍　葉柄：石化
【花】形態：舌状花冠／裏巻き　色：黄色
◆備考：昇龍は春の葉にも発現することが多い。'緑王冠'と同様に他の品種より早く昇龍が発現し、9月初旬には完成する。（写真は4号鉢）

9月中旬：本芸の葉。

9月初旬：本芸の葉。

9月下旬：本芸の葉。

9月初旬：本芸の葉。

10月下旬：本芸の葉。

'秘宝'* ヒホウ Hiho

【草丈】5.7cm 　【葉長】7.8cm［8月中旬］
【葉】形態：本芸は通年
≪通年≫ 葉身：内巻き・波・羅紗・縮緬・甲龍・昇龍・子持ち・フギレ・子宝・角・裏巻き　葉柄：石化
【花】未開花
◆備考：通年に渡り多様な芸を現す稀有な品種。（写真は4号鉢）

7月下旬：夏の葉。

3月中旬：春の葉。

8月中旬：本芸の葉。

6月下旬：夏の葉。

10月中旬：本芸の葉。

'斑の大蛇'* マダラノオロチ Madara-no-orochi

【草丈】4.8cm 　【葉長】6.6cm［10月中旬］
【葉】形態：本芸は主に秋
≪通年≫ 葉身：内巻き・波・縮緬・甲龍・昇龍・フギレ・角・裏巻き　葉柄：石化
［斑］≪通年≫ 白黄色の星斑・ぼた斑
【花】未開花
◆備考：生育速度が遅く増殖も緩慢である。昇龍と星斑を同時に発現させる稀な個体である。
（写真は4号鉢）

7月中旬：本芸前の葉。

5月初旬：春の葉。

9月中旬：本芸の葉。

7月初旬：夏の葉。

10月中旬：本芸の葉。

'熊野獅子'　クマノジシ　Kumano-jishi

【草丈】26.3cm　【葉長】32.6cm［10月中旬］
【葉】形態：本芸は晩春～冬
≪通年≫葉身：内巻き・波・獅子
≪晩春～冬≫葉身：子持ち
【花】形態：舌状花冠／内巻き　舌状花冠の先端／強い表巻き　色：薄い橙黄色
◆備考：葉柄は硬い。
舌状花冠の先端付近に微細な突起が発現する。
（写真は5号鉢）

9月初旬：本芸の葉。

10月中旬：本芸の葉。

10月中旬：本芸の葉。

11月初旬：内巻きで先端が強い表巻きの舌状花冠。

'群龍牡丹'　グンリュウボタン　Gunryu-botan

【草丈】20.5cm　【葉長】25.0cm［8月中旬］
【葉】形態：本芸は晩春～冬
≪通年≫葉身：内巻き・波
≪晩春～冬≫葉身：子持ち・角
【花】未開花

◆備考：育種者／塚脇利一氏（大阪府泉佐野市）、情報の入手先／育種者。片親は'熊野獅子'と思われる。
（写真は4号鉢）

8月中旬：本芸の葉。　　　　11月中旬：本芸の葉。

'紀州獅子' キシュウジシ Kishu-jishi

【草丈】23.0cm 【葉長】27.4cm［8月初旬］
【葉】形態：本芸は初夏〜晩秋
≪通年≫ 葉身：内巻き・波・獅子
≪初夏〜晩秋≫ 葉身：子持ち
［斑］≪主に初夏〜初秋≫ 黄色の覆輪くずれ斑・深爪斑：後暗みしないキメラ斑・季節性
【花】形態：舌状花冠／内巻き　舌状花冠の先端／フキレ　色：橙黄色
◆備考：6月から7月中に展開する葉に現れる斑の面積は大きい。（写真は5号鉢）

6月下旬：本芸の葉。

6月初旬：本芸の葉。

9月初旬：本芸の葉。

8月初旬：本芸の葉。

7月下旬：本芸の葉。

10月下旬：橙黄色の花。

10月下旬：橙黄色の花。

イボ芸の個体

【草丈】25.4m 【葉長】30.5m［6月中旬］
【葉】形態：本芸は晩春～夏
≪晩春～夏≫ 葉身：イボ
【花】形態：変異無　色：黄色
◆備考：葉裏から見るとイボは窪んでいる。
葉には光沢がある。（写真は4号鉢）

6月下旬：本芸の葉。

6月中旬：本芸の葉。

11月初旬：大輪整形の花。

'亀丸' カメマル Kamemaru

【草丈】6.5cm 【葉長】7.9cm［11月初旬］
【葉】形態：本芸は通年
≪通年≫ 葉身：打込み
【花】未開花

◆備考：愛媛県伊予市産、発見者／松浦卓夫氏（愛媛県松山市）、情報の入手先／発見者。葉が丸い小型の品種。抽苔しないといわれている。
（写真は4号鉢）

11月初旬：本芸の葉。

6月初旬：本芸の葉。

'舞獅子' マイジシ Mai-jishi

【草丈】23.5cm 　【葉長】29.2cm［9月下旬］
【葉】形態：本芸は通年
≪通年≫ 葉身：内巻き・波・獅子
【花】形態：縮咲き　色：黄色
◆備考：新葉の葉縁は赤茶色を帯びる。
（写真は4.5号鉢）

9月下旬：本芸の葉。

12月中旬：中間的な縮みを示す花。

'雪紅牡丹' ユキベニボタン Yukibeni-botan

【草丈】23.2cm 　【葉長】27.9cm［9月初旬］
【葉】形態：本芸は通年
≪通年≫ 葉身：内巻き・波・獅子
【花】形態：縮咲き　色：黄色
◆備考：葉柄は赤褐色で、細いが硬く倒れることはない。普及品種。（写真は4.5号鉢）

9月初旬：本芸の葉。

3月中旬：本芸の葉。

11月下旬：軽微な縮みを示す花。

'雪紅変化'* ユキベニヘンゲ Yukibeni-henge

【草丈】19.7cm 【葉長】24.3cm［10月初旬］
【葉】形態：本芸は通年
≪通年≫ 葉身：内巻き・波・獅子
【花】形態：縮咲き 色：黄色

◆備考：'雪紅牡丹'の組織培養変異体で2n=59。外見は'雪紅牡丹'と変わらないが雄性不稔である。（写真は4.5号鉢）

10月初旬：本芸の葉。

11月下旬：中間的な縮みを示す花。

'薩摩牡丹' サツマボタン Satsuma-botan

【草丈】22.5cm 【葉長】26.1cm［10月初旬］
【葉】形態：本芸は通年
≪通年≫ 葉身：内巻き・波・獅子
【花】形態：縮咲き 色：黄色

◆備考：新葉の葉縁は赤茶色を帯びる。普及品種。（写真は4.5号鉢）

10月初旬：本芸の葉。　　　9月初旬：本芸の葉。

'白浜獅子'　シラハマジシ　Shirahama-jishi

【草丈】23.7cm　【葉長】28.4cm［10月初旬］
【葉】形態：本芸は通年
≪通年≫ 葉身：内巻き・波・獅子
【花】形態：縮咲き　色：黄色
【花】未開花

◆備考：獅子は密に発現する。葉身の毛状突起が長く残り、葉が白く見える。葉柄は細いが硬く倒れることはない。（写真は4.5号鉢）

10月初旬：本芸の葉。　　　　　　　　　　11月下旬：中間的な縮みを示す花。

'渦潮'　ウズシオ　Uzushio

【草丈】19.6cm　【葉長】24.7cm［9月初旬］
【葉】形態：本芸は通年
≪通年≫ 葉身：内巻き・波・獅子
【花】形態：縮咲き　色：黄色
◆備考：新葉の葉縁は赤茶色を帯びる。葉柄はやや太い。獅子芸品種の花の咲き方は、株の充実度によって、軽微な縮みから顕著な縮みまで現れる。（写真は4.5号鉢）

11月下旬：軽微な縮みを示す花。

9月初旬：本芸の葉。　　　　　　　　　　1月下旬：顕著な縮みを示す花。

'緑姫'　ミドリヒメ　Midorihime

【草丈】22.4cm　【葉長】26.0cm［9月初旬］
【葉】形態：本芸は通年
≪通年≫ 葉身：内巻き・波・獅子
【花】形態：縮咲き　色：やや緑色を帯びた黄色

◆備考：新葉の葉縁は赤茶色を帯びる。
葉柄は太く硬い。（写真は4号鉢）

9月初旬：本芸の葉。

11月中旬：軽微な縮みを示す花。

'牡丹獅子'　ボタンジシ　Botan-jishi

【草丈】17.1cm　【葉長】21.8cm［9月初旬］
【葉】形態：本芸は通年
≪通年≫ 葉身：内巻き・波・獅子
≪稀≫ 葉柄：石化
【花】形態：縮咲き　色：黄色
◆備考：標準的な'牡丹獅子'の芽条変異体（芽変わり）。本品種は通常は石化芸を示さない。
（写真は4.5号鉢）

9月初旬：本芸の葉。

11月中旬：軽微な縮みを示す花。

'平獅子' ヒラジシ Hira-jishi

【草丈】27.1cm 　【葉長】29.2cm［5月初旬］
【葉】形態：本芸は通年
≪通年≫ 葉身：内巻き・波・獅子
【花】形態：縮咲き　色：黄色
◆備考：草丈・葉長は内巻きの葉から突き出た平らな獅子葉を測定している。秋から冬に内巻きしない葉が高く伸び上がる。（写真は4.5号鉢）

3月中旬：本芸の葉。

5月初旬：本芸の葉。

11月下旬：中間的な縮みを示す花。

'紅珊瑚' ベニサンゴ Benisango

【草丈】24.2cm 　【葉長】28.7cm［10月初旬］
【葉】形態：本芸は通年
≪通年≫ 葉身：内巻き・波・獅子
［斑］≪通年≫ 黄色の星斑
【花】形態：縮咲き　色：黄色
◆備考：新葉の葉縁は赤茶色を帯びる。秋から冬にかけて葉縁周辺が赤褐色になることがある。普及品種。（写真は4号鉢）

11月中旬：本芸の葉。

10月初旬：本芸の葉。

5月下旬：本芸の葉。

'蛍凛'* ケイリン Keirin

【草丈】20.6cm 【葉長】23.5cm［11月下旬］
【葉】形態：本芸は通年
≪通年≫ 葉身：内巻き・波・獅子
［斑］≪通年≫ 黄色の星斑・ぼた斑
【花】未開花
◆備考：本品種のように鮮明な星斑・ぼた斑を発現する獅子芸品種は数少ない。(写真は4号鉢)

5月初旬：本芸の葉。

11月下旬：本芸の葉。

12月中旬：軽微な縮みを示す花。

獅子芸・斑入りの個体

【草丈】13.8cm 【葉長】15.1cm［6月中旬］
【葉】形態：本芸は通年
≪通年≫ 葉身：内巻き・波・獅子
≪春～夏≫ 葉身：雨垂れ・フギレ・珊瑚　葉柄：枝分かれ・尻尾
［斑］≪通年≫ 乳白色の覆輪くずれ斑・掃込み斑・散り斑：後暗みしないキメラ斑
【花】形態：舌状花冠／外巻き　色：薄黄色
◆備考：陰で栽培すると葉柄が柔らかくなり倒れやすい。春には茶色を帯びた乳白色の新葉が展開する。(写真は4号鉢)

11月下旬：外巻きの舌状花冠。

6月中旬：本芸の葉。

5月中旬：茶色を帯びた乳白色の新葉。

9月初旬：本芸の葉。

'妙'* ミョウ Myo

【草丈】12.6cm 　【葉長】14.4cm［4月中旬］
【葉】形態：本芸は通年
≪通年≫ 葉身：内巻き・波・フギレ
≪秋～冬≫ 葉身：獅子　葉柄：達磨性石化・枝分れ
≪不定期≫ 葉身：子宝
［斑］≪通年≫ 黄色の星斑・ぼた斑
【花】形態：変異無　色：黄色
◆備考：季節によって多様な形態を示す。
通年に渡り斑の発現が安定している。
（写真は4号鉢）

6月下旬：本芸の葉。

3月下旬：本芸の葉。

4月中旬：本芸の葉。

5月初旬：枝芸の葉。

'八雲'* ヤクモ Yakumo

【草丈】18.4cm 　【葉長】22.3cm［9月初旬］
【葉】形態：本芸は通年
≪通年≫ 葉身：内巻き・波・フギレ・角
≪稀≫ 葉身：雨垂れ
【花】形態：丁子咲き／花径58mm　色：黄色
◆備考：雨垂れは短い。
舌状花冠は外側にやや反り返る。（写真は4号鉢）

11月初旬：丁子咲きの花。

9月初旬：本芸の葉。

11月初旬：丁子咲きの花。

'星乙女'　ホシオトメ　Hoshi-otome

【草丈】17.3cm　【葉長】19.6cm［8月下旬］
【葉】形態：本芸は通年
≪通年≫ 葉身：内巻き・フギレ
［斑］≪通年≫ 黄色の星斑・ぼた斑
【花】形態：唐子咲き／花径49mm　色：黄色
◆備考：通年に渡り鮮明な斑が発現する。花柄が枝分れすることがある。整形花。
（写真は4号鉢）

10月下旬：唐子咲きの花。

8月下旬：本芸の葉。

6月下旬：本芸の葉。

10月下旬：唐子咲きの花。

'星車'　ホシグルマ　Hoshi-guruma

【草丈】24.5cm　【葉長】29.7cm［9月中旬］
【葉】形態：本芸は通年
≪通年≫ 葉身：内巻き・フギレ
［斑］≪通年≫ 黄色の星斑
【花】形態：縮咲き　色：黄色
◆備考：'鏡獅子'として流通していることがあるが、葉身が漏斗状にならないので区別できる。斑の数は少ない。普及品種。（写真は4.5号鉢）

9月中旬：本芸の葉。

'東雲'*　シノノメ　Shinonome

【草丈】13.7cm　【葉長】15.2cm［5月下旬］
【葉】形態：本芸は通年
≪通年≫ 葉身：内巻き・波・フギレ・角・裏巻き
≪稀≫ 葉柄：枝分れ
［斑］≪春〜夏≫ 黄緑色の散り斑：後暗みする非キメラ斑・季節性
【花】形態：変異無　色：黄色
◆備考：株が充実すれば稀に枝分れを示す。
（写真は4号鉢）

5月下旬：本芸の葉。

'天照'* アマテラス Amaterasu

【草丈】4.8cm 【葉長】11.8cm［7月初旬］
【葉】形態：本芸は通年
≪通年≫ 葉身：内巻き・フギレ
［斑］≪春～夏≫ 乳白色～黄色のぼた斑
≪秋～冬≫ 黄色の星斑・ぼた斑
【花】形態：変異無 色：黄色
◆備考：晩春から秋にかけてはぼた斑の面積が極めて大きい。（写真は4号鉢）

6月中旬：本芸の葉。

7月初旬：本芸の葉。

4月初旬：本芸前の葉、星斑の葉は前年の秋の葉。

'黄楓'* コウフウ Kofu

【草丈】19.7cm 【葉長】23.0cm［9月中旬］
【葉】形態：本芸は通年
≪通年≫ 葉身：内巻き・波・フギレ・角・裏巻き
［斑］≪通年≫ 黄色の星斑・ぼた斑
【花】形態：丁子咲き／花径38mm 色：黄色
◆備考：'黄彗'と比べ、フギレの切れ込みが深い。通年に渡り斑の発現が安定している。
（写真は4号鉢）

11月初旬：丁子咲きの花。

9月中旬：本芸の葉。

11月初旬：丁子咲きの花。

'黄彗'* オウスイ Osui

【草丈】16.5cm 【葉長】18.1cm［9月中旬］
【葉】形態：本芸は通年
≪通年≫ 葉身：内巻き・波・フギレ・角・裏巻き
≪不定期≫ 葉身：獅子
［斑］≪通年≫ 黄色の星斑・ぼた斑
【花】形態：唐子咲き／花径45mm・丁子咲き／花径44mm　色：黄色
◆備考：通年に渡り斑の発現が安定している。頂花が帯化することがある。（写真は4号鉢）

11月中旬：唐子咲きの花。

9月中旬：本芸の葉。

11月初旬：丁子咲きの花。

11月中旬：唐子咲きの花。

11月初旬：帯化・丁子咲きの花。

'花宴'* カエン Kaen

【草丈】22.8cm 【葉長】24.1cm［9月下旬］
【葉】形態：本芸は秋〜冬
≪通年≫ 葉身：内巻き・波・フギレ・角・裏巻き
≪秋〜冬に稀≫ 葉柄：石化・枝分れ・尻尾
【花】形態：唐子咲き／花径36mm 丁子咲き／花径47mm 色：黄色
◆備考：尻尾は極めて短い。整形花。P66参照。
（写真は4号鉢）

10月中旬：唐子咲きの花。

9月下旬：本芸の葉。

10月中旬：唐子咲きの花。

'煌'* キラメキ Kirameki

【草丈】15.9cm 【葉長】19.3cm［9月中旬］
【葉】形態：本芸は通年
≪通年≫ 葉身：内巻き・波・フギレ・角・裏巻き 葉柄：帯化・枝分れ・尻尾
【花】形態：唐子咲き／花径57mm 色：黄色
◆備考：葉柄・頂花ともによく帯化する。整形花。（写真は4号鉢）

10月下旬：唐子咲きの花。

9月中旬：本芸の葉。　　8月初旬：本芸の葉。

10月下旬：帯化・唐子咲きの花。

'漁火'* イサリビ Isaribi

【草丈】15.5cm 【葉長】17.3cm［9月中旬］
【葉】形態：本芸は秋〜冬
≪通年≫ 葉身：内巻き・波・フギレ・角・裏巻き
≪秋〜冬に稀≫ 葉柄：枝分れ
【花】形態：唐子咲き・丁子咲き／花径51mm
色：黄色
◆備考：花は株が充実すれば唐子咲きに、充実しなければ丁子咲きになる。整形花。
（写真は4号鉢）

11月初旬：唐子咲きの花。

9月中旬：本芸の葉。

11月初旬：丁子咲きの花。

11月初旬：唐子咲きの花。

11月初旬：丁子咲きの花。

'花重'* ハナガサネ Hanagasane

【草丈】15.1cm 　【葉長】17.1cm［9月中旬］
【葉】形態：本芸は秋〜冬
≪通年≫ 葉身：内巻き・フギレ・角・裏巻き
≪秋〜冬≫ 葉柄：枝分れ・尻尾
【花】形態：丁子咲き／花径53mm　色：檸檬色
◆備考：花は丁子咲きと唐子咲きとの中間的な形態を示す。頂花が帯化することがある。整形花。
（写真は4号鉢）

10月下旬：丁子咲きと唐子咲きの中間的な形態の花。

9月中旬：本芸の葉。

10月下旬：丁子咲きと唐子咲きの中間的な形態の花。

'聖'* ヒジリ Hijiri

【草丈】16.8cm 　【葉長】18.1cm［9月中旬］
【葉】形態：本芸は通年
≪通年≫ 葉身：内巻き・波・フギレ・角・裏巻き
【花】形態：丁子咲き／花径61mm　色：黄色
◆備考：典型的な丁字咲き、整形花。
（写真は4号鉢）

11月中旬：丁子咲きの花。

9月中旬：本芸の葉。

11月中旬：丁子咲きの花。

'爛月'* ランゲツ Rangetsu

【草丈】17.4cm 【葉長】19.1cm［10月初旬］
【葉】形態：本芸は通年
≪通年≫ 葉身：内巻き・波・フギレ・角・裏巻き
≪不定期≫ 葉柄：尻尾
【花】形態：半管咲き／花径34mm 色：黄色
◆備考：舌状花冠先端は深く切れ込んだフギレになる。（写真は4号鉢）

10月下旬：半管咲きの花。

10月初旬：本芸の葉。

10月下旬：半管咲きの花。

'飛燕'* ヒエン Hien

【草丈】13.9cm 【葉長】15.9cm［10月初旬］
【葉】形態：本芸は通年
≪通年≫ 葉身：内巻き・波・フギレ・角・裏巻き
≪不定期≫ 葉柄：帯化・枝分れ
【花】形態：半管咲き／花径55mm 色：黄色
◆備考：葉柄は太く硬い。整形花。
（写真は4号鉢）

10月下旬：半管咲きの花。

7月初旬：本芸の葉。　　10月初旬：本芸の葉。　　10月下旬：半管咲きの花。

'雫獅子'* シズクジシ Shizuku-jishi

【草丈】13.8cm 【葉長】15.7cm［5月初旬］
【葉】形態：本芸は春
≪春～夏≫ 葉：五目　葉身：内巻き・波・雨垂れ・
獅子・フギレ・珊瑚・子宝・角
≪春～初夏≫ 葉柄：石化
【花】形態：千鳥咲き／花径38mm　色：黄色
◆備考：栽培環境によって葉芸が著しく変化する。
（写真は4号鉢）

5月初旬：本芸の葉。

10月下旬：千鳥咲きの花。

5月中旬：本芸の葉。

'鏡獅子' カガミジシ Kagami-jishi

【草丈】23.5cm 【葉長】28.2cm［11月中旬］
【葉】形態：本芸は通年
≪通年≫ 葉身：内巻き・波・獅子・角
［斑］≪通年≫ 黄色の星斑・ぼた斑
【花】形態：縮咲き　色：黄色
◆備考：春の葉は漏斗状になり、多数の斑が発現
する。普及品種。（写真は4号鉢）

5月下旬：本芸の葉。

11月中旬：本芸の葉。

4月下旬：本芸の葉。

11月中旬：中間的な縮みを示す花。

'福寿牡丹' フクジュボタン Fukuju-botan

【草丈】16.7cm 【葉長】19.4cm［10月中旬］
【葉】形態：本芸は通年
≪通年≫ 葉身：内巻き・波・獅子・フギレ・
角・裏巻き
≪稀≫ 葉身：雨垂れ
【花】形態：縮咲き 色：黄色
◆備考：よく増殖し株立ちになりやすい。
雨垂れは短い。普及品種。（写真は4.5号鉢）

11月下旬：顕著な縮みを示す花。

3月中旬：本芸の葉。

10月中旬：本芸の葉。

'飛鳥'* アスカ Asuka

【草丈】10.2cm 【葉長】11.5cm［9月中旬］
【葉】形態：本芸は秋～冬
≪通年≫ 葉身：内巻き・波・雨垂れ・フギレ・角・
裏巻き 葉柄：枝分れ・尻尾
≪秋～冬≫ 葉柄：石化
【葉】形態：唐子咲き／花径56mm 色：黄色
◆備考：葉は柔らかいが倒れることはない。
尻尾は短い。よく抽苔する。整形花。
（写真は4号鉢）

10月下旬：唐子咲きの花。

9月中旬：本芸の葉。

9月下旬：本芸の葉。

10月下旬：唐子咲きの花。

'山笠'* ヤマガサ Yamagasa

【草丈】11.8cm　【葉長】14.3cm［11月初旬］
【葉】形態：本芸は通年
≪通年≫ 葉身：内巻き・波・雨垂れ・フギレ・角・裏巻き　葉柄：枝分れ・尻尾
【花】形態：半管咲き／花径36mm　色：黄色
◆備考：雨垂れ・尻尾は短い。
舌状花冠の先端はフギレになる。整形花。
（写真は4号鉢）

11月中旬：円弁・半管咲きの花。

11月初旬：本芸の葉。

11月中旬：円弁・半管咲きの花。

'鳳麟'* ホウリン Horin

【草丈】15.3cm　【葉長】16.6cm［10月初旬］
【葉】形態：本芸は秋～冬
≪通年≫ 葉身：内巻き・波・雨垂れ・フギレ・角・裏巻き　葉柄：枝分れ　≪秋～冬≫ 葉身：子宝
【花】形態：半管咲き／花径39mm　色：黄色　舌状花冠の先端／緑色
◆備考：本芸の期間中は子宝と角が混じる。雨垂れと尻尾は短い。写真では分かりにくいが、舌状花冠の先端が緑色を帯びるとともにフギレになる。（写真は4号鉢）

11月初旬：半管咲きの花。

10月初旬：本芸の葉。

10月初旬：本芸の葉。

11月初旬：半管咲きの花。

'天霧'* アマギリ Amagiri

【草丈】14.3cm　【葉長】15.2cm［10月中旬］
【葉】形態：本芸は秋〜冬
≪通年≫ 葉身：内巻き・波・雨垂れ・フギレ・角・裏巻き　葉柄：枝分れ
≪秋〜冬≫ 葉身：子宝
≪不定期≫ 葉柄：尻尾
【花】形態：変異無　色：黄色
◆備考：著しい枝分れが発現する。雨垂れ・尻尾は不定期に現れる。舌状花冠の先端はフギレになる。稀に抽台する。（写真は4号鉢）

10月初旬：本芸の葉。

10月中旬：本芸の葉。

11月初旬：本芸の葉。

'黎明'* レイメイ Reimei

【草丈】13.6cm　【葉長】15.4cm［10月初旬］
【葉】形態：本芸は秋〜冬
≪通年≫ 葉身：内巻き・波・雨垂れ・フギレ・角・裏巻き　葉柄：枝分れ・尻尾
≪秋〜冬≫ 葉身：子宝

【花】未開花
◆備考：著しい枝分れが発現する。雨垂れ・尻尾は短い。舌状花冠の先端はフギレになる。抽台したことがない。（写真は4号鉢）

10月中旬：本芸の葉。

10月初旬：本芸の葉。

'勾玉'* マガタマ Magatama

【草丈】4.4cm 　【葉長】6.2cm［9月中旬］
【葉】形態：本芸は秋〜冬
≪通年≫ 葉身：内巻き・波・雨垂れ・フギレ・
角・裏巻き　葉柄：枝分れ・尻尾
≪秋〜冬≫ 葉柄：石化
【花】形態：唐子咲き／花径43mm　色：黄色
◆備考：雨垂れ・尻尾は短い。
唐子咲きと丁子咲きとの中間的な形態を示す。
頂花が帯化することがある。（写真は4号鉢）

10月下旬：唐子咲きと丁子咲きとの中間的な形態の花。

9月中旬：本芸の葉。

9月中旬：本芸の葉。

10月下旬：唐子咲きの花。

'玉響'* タマユラ Tamayura

【草丈】5.0cm 　【葉長】6.9cm［11月初旬］
【葉】形態：本芸は秋〜冬
≪通年≫ 葉身：内巻き・波・雨垂れ・フギレ・角・
裏巻き　葉柄：枝分れ・尻尾
≪秋〜冬≫ 葉柄：石化
【花】形態：唐子咲き／花径57mm　色：黄色
◆備考：著しい枝分れが発現する。
雨垂れ・尻尾は短い。（写真は4号鉢）

11月中旬：唐子咲きの花。

11月初旬：本芸の葉。

11月初旬：本芸の葉。

11月中旬：唐子咲きの花。

'雲珠'* ウズ Uzu

【草丈】6.7cm 【葉長】8.8cm［11月初旬］
【葉】形態：本芸は秋〜冬
≪通年≫ 葉身：内巻き・波・雨垂れ・フギレ・角・裏巻き　葉柄：尻尾
≪秋〜冬≫ 葉柄：石化
【花】形態：唐子咲き・丁子咲き／花径59mm
色：黄色
◆備考：雨垂れ・尻尾は短い。株が充実すれば唐子咲きに、充実しなければ丁子咲きになる。
（写真は4号鉢）

11月初旬：本芸の葉。　　　8月中旬：本芸前の葉。

10月下旬：唐子咲きの花。

11月初旬：丁子咲きの花。

10月下旬：唐子咲きの花。

11月初旬：丁子咲きの花。

'蛍舞'* ホタルマイ Hotarumai

【草丈】5.6cm 【葉長】6.2cm［11月下旬］
【葉】形態：本芸は秋〜冬
≪通年≫ 葉身：内巻き・波・獅子・フギレ・角・裏巻き
≪秋〜冬≫ 葉身：子宝　葉柄：石化・枝分れ
［斑］≪通年≫ 黄色の星斑・ぼた斑
【花】未開花
◆備考：葉身の毛状突起が長く残る。
斑の発現は安定している。（写真は4号鉢）

10月中旬：本芸前の葉。

11月下旬：本芸の葉。

11月初旬：本芸前の葉。

7月下旬：夏の葉。

'荒神' コウジン Kojin

【草丈】6.0cm 【葉長】9.2cm［11月中旬］
【葉】形態：本芸は秋〜冬
≪通年≫ 葉身：内巻き
≪秋〜冬≫ 葉身：フギレ・角・裏巻き　葉柄：石化
【花】形態：変異無　色：黄色
◆備考：典型的な角芸。角は長く伸びる。
葉には光沢がある。（写真は4号鉢）

10月中旬：本芸の葉。

11月中旬：本芸の葉。

11月中旬：本芸の葉。

'花飛沫'* ハナシブキ Hanashibuki

【草丈】8.3cm 【葉長】9.2cm［10月中旬］
【葉】形態：本芸は秋〜冬
≪通年≫ 葉身：内巻き・波・フギレ・角・裏巻き
≪春〜夏≫ 葉柄：尻尾
≪秋〜冬≫ 葉柄：石化
【花】形態：半管咲き／花径32mm　色：黄色
◆備考：尻尾は短い。舌状花冠の先端はフギレになる。整形花。（写真は4号鉢）

11月中旬：半管咲きの花。

8月中旬：本芸前の葉。　　10月中旬：本芸の葉。　　11月中旬：半管咲きの花。

'星龍獅子'* セイリュウジシ Seiryu-jishi

【草丈】7.2cm 【葉長】8.8cm［10月中旬］
【葉】形態：本芸は秋〜冬
≪通年≫ 葉身：内巻き・波・角・裏巻き
≪秋〜冬≫ 葉身：フギレ・毛隈・子宝　葉柄：石化
［斑］≪通年≫ 黄色の星斑・ぼた斑
【花】形態：変異無　色：黄色
◆備考：通年に渡り斑の発現が安定している。

10月中旬：本芸の葉。

9月中旬：本芸の葉。　　3月下旬：春の葉。

'美吉野'* ミヨシノ Miyoshino

【草丈】7.4cm 【葉長】9.1cm［10月初旬］
【葉】形態：本芸は秋～冬
≪通年≫ 葉身：内巻き・波・雨垂れ・フギレ・角・裏巻き 葉柄：枝分れ
≪春～夏≫ 葉柄：尻尾
≪秋～冬≫ 葉柄：石化
【花】形態：唐子咲き／花径52mm
色：檸檬色
◆備考：初秋には内巻きの剣葉になることがある。雨垂れは短い。整形花。
（写真は4号鉢）

8月中旬：本芸前の葉。

9月中旬：内巻きの剣葉。

10月初旬：本芸の葉。

10月下旬：唐子咲きの花。

10月下旬：唐子咲きの花。

'福緑'* フクミドリ Fukumidori

【草丈】6.4cm 　【葉長】8.8cm［10月中旬］
【葉】形態：本芸は秋～冬
≪通年≫ 葉身：内巻き・波・フギレ・角・裏巻き
≪秋～冬≫ 葉身：毛隈・子宝　葉柄：石化
［斑］≪通年≫ 黄色の星斑

【花】未開花
◆備考：毛隈は赤茶色を帯びる。毛隈を経ないで子宝に移行することが多い。
（写真は4号鉢）

10月中旬：本芸の葉。

9月初旬：本芸前の葉。

'宝扇'* ホウセン Hosen

【草丈】5.4cm 　【葉長】6.5cm［11月初旬］
【葉】形態：本芸は秋～冬
≪通年≫ 葉身：内巻き・波・フギレ・角・裏巻き
≪秋～冬≫ 葉身：毛隈・子宝　葉柄：石化
［斑］≪通年≫ 黄色の星斑・ぼた斑
【花】未開花
◆備考：本芸の期間中は子宝と角が混じることがある。葉身の毛状突起が長く残る。秋から冬にかけては斑の数が少なくなる。（写真は4号鉢）

11月初旬：本芸の葉。

9月中旬：本芸の葉。

5月初旬：春の葉。

'青珊瑚'* アオサンゴ Aosango

【草丈】15.8cm 【葉長】16.7cm［5月中旬］
【葉】形態：本芸は春～夏
≪通年≫ 葉身：内巻き・獅子・フギレ・角
≪春～夏≫ 葉身：雨垂れ・珊瑚　葉柄：枝分れ・尻尾
【花】形態：千鳥咲き　舌状花冠／捻れ
色：黄色
◆備考：雨垂れ・枝分れ・尻尾は主に珊瑚芸の葉に現れる。花は半開する。
（写真は4号鉢）

7月初旬：本芸の葉。

5月中旬：本芸の葉。

7月初旬：本芸の葉。

5月中旬：本芸の葉。

7月初旬：千鳥咲きの花。

珊瑚芸の個体

写真の6個体は'青珊瑚'を子房親にした次世代で、各々は似て非なる個体である。（写真は3号鉢）

6月下旬：本芸の葉。

'宝船'* タカラブネ Takarabune

【草丈】4.9cm 【葉長】6.4cm［10月中旬］
【葉】形態：本芸は秋〜冬
≪通年≫ 葉身：内巻き・波・フギレ・角・裏巻き
≪秋〜冬≫ 葉身：毛隈・子宝　葉柄：石化
［斑］≪通年≫ 黄色の星斑・ぼた斑
【花】未開花
◆備考：毛隈は赤茶色を帯びる。子宝は丸く大きい。秋から冬にかけては斑の数が少なくなる。（写真は4号鉢）

6月中旬：夏の葉。

8月下旬：本芸の葉。

10月中旬：本芸の葉。

'彼岸獅子'* ヒガンジシ Higan-jishi

【草丈】10.8cm 【葉長】12.3cm［10月中旬］
【葉】形態：本芸は通年
≪通年≫ 葉身：内巻き・波・獅子
≪秋〜冬≫ 葉身：雨垂れ・フギレ・毛隈・子宝　葉身：石化
【花】未開花
◆備考：春には獅子芸を、秋から冬にかけては子宝芸を発現する稀有な品種。葉身の毛状突起が長く残る。（写真は4号鉢）

10月中旬：毛隈の本芸。

7月中旬：獅子の本芸。

'星嵐'* セイラン Seiran

【草丈】6.6cm 　【葉長】7.9cm［10月中旬］
【葉】形態：本芸は秋～冬
≪通年≫ 葉身：内巻き・波・獅子・角・裏巻き 　葉柄：石化
≪秋～冬≫ 葉身：毛隈・子宝
［斑］≪通年≫ 黄色の星斑・ぼた斑
【花】未開花
◆備考：微細な子宝が密に発現する。葉身の毛状突起が長く残る。石化した葉柄は極めて幅が広い。秋から冬にかけては斑の数が少なくなる。（写真は4号鉢）

10月下旬：本芸の葉。

10月中旬：本芸の葉。

9月中旬：本芸前の葉。

10月中旬：本芸の葉。

7月下旬：夏の葉。

'雛金剛'* ヒナコンゴウ Hinakongo

【草丈】10.8cm 　【葉長】13.1cm［11月初旬］
【葉】形態：本芸は秋〜冬
≪通年≫ 葉身：内巻き・フギレ・角・裏巻き
葉柄：石化
≪春〜夏≫ 葉身：雨垂れ　≪秋〜冬≫ 葉身：毛隈・子宝　葉柄：枝分れ
【花】形態：変異無　色：黄色／咲き始めは黄緑色
◆備考：雨垂れは短い。石化した葉柄は極めて幅が広い。稀に抽台する。小輪花。（写真は4号鉢）

10月中旬：本芸の葉。

9月下旬：本芸前の葉。

11月初旬：本芸の葉。

6月初旬：夏の葉。

11月初旬：本芸の葉。

11月中旬：咲き始めが黄緑色の花。

'千変万化'* センペンバンカ Sempenbanka

【草丈】8.1cm　【葉長】9.3cm［11月中旬］
【葉】形態：本芸は秋〜冬
≪通年≫ 葉身：内巻き・波・獅子・裏巻き
≪秋〜冬≫ 葉身：毛隈・子宝・角　葉柄：石化
［斑］≪通年≫ 白黄色の星斑・ぼた斑
【花】未開花
◆備考：葉身の毛状突起が長く残る。石化した葉柄は極めて幅が広い。秋から冬にかけては斑の数が少なくなる。（写真は4号鉢）

10月中旬：本芸の葉。

11月中旬：本芸の葉。　　　　　　　　　　9月下旬：本芸前の葉。

11月中旬：本芸の葉。

7月下旬：夏の葉。

'夢幻'* ムゲン Mugen

【草丈】5.7cm 　【葉長】8.4cm［11月中旬］
【葉】形態：本芸は春・秋〜冬
≪通年≫ 葉身：内巻き・波・獅子・角・裏巻き
≪春≫ 葉柄：達磨性石化
≪秋〜冬≫ 葉身：珊瑚・毛隈・子宝　葉柄：枝分れ

【花】未開花
◆備考：秋の葉は薄く柔らかい。
子宝は長く伸びる。著しい枝分れが発現する。
（写真は4号鉢）

10月初旬：本芸の葉。

9月初旬：本芸前の葉。

11月中旬：本芸の葉。

7月下旬：夏の葉。

11月初旬：本芸の葉。

5月初旬：春の葉。

'朱雀'* スザク Suzaku

【草丈】10.2cm 　【葉長】11.3cm［10月中旬］
【葉】形態：本芸は秋～冬
≪通年≫ 葉身：内巻き・波・フギレ・角・裏巻き
≪秋～冬≫ 葉身：毛隈・子宝　葉柄：石化・枝分れ
【花】未開花
◆備考：著しい枝分れが発現する。毛隈は赤茶色を帯びる。葉身の毛状突起が長く残る。根出葉だけでなく花柄に付く葉も顕著な芸を示す。
（写真は4号鉢）

10月中旬：本芸の葉。

9月中旬：花柄に付いた獅子芸の葉。

'羆'* ヒグマ Higuma

【草丈】7.4cm 　【葉長】10.4cm［10月中旬］
【葉】形態：本芸は秋～冬
≪通年≫ 葉身：内巻き・波・角・裏巻き　葉柄：石化
≪秋～冬≫ 葉身：毛隈・子宝
【花】未開花
◆備考：秋は全ての葉に毛隈・子宝が発現する。毛隈は赤茶色を帯びる。石化した葉柄の幅は広い。
（写真は4号鉢）

10月中旬：本芸の葉。

9月中旬：本芸の葉。

11月初旬：本芸の葉。

'珠碧'* タマミドリ Tamamidori

【草丈】4.5cm 　【葉長】5.8cm［10月初旬］
【葉】形態：本芸は秋～冬
≪通年≫ 葉身：内巻き・波・フギレ・角・裏巻き
葉柄：石化・枝分れ
≪秋～冬≫ 葉身：子宝

【花】未開花
◆備考：子宝は丸く大きい。夏の葉に発現するフギレ・角は顕著である。（写真は4号鉢）

10月初旬：本芸の葉。

8月下旬：夏の葉。

'雲海'* ウンカイ Unkai

【草丈】5.9cm 　【葉長】6.5cm［10月中旬］
【葉】形態：本芸は秋～冬
≪通年≫ 葉身：内巻き・波・フギレ・角・裏巻き
葉柄：石化
≪秋～冬≫ 葉身：子宝
【花】未開花
◆備考：本芸の期間中は子宝と角が混じることがある。子宝は大きい。（写真は4号鉢）

10月初旬：本芸の葉。

10月中旬：本芸の葉。

5月中旬：春の葉。

'蒼海'* ソウカイ Sokai

【草丈】5.2cm 　【葉長】7.8cm［10月中旬］
【葉】形態：本芸は秋〜冬
≪通年≫ 葉身：内巻き・波・フギレ・角・裏巻き
≪秋〜冬≫ 葉身：子宝　葉柄：石化
【花】形態：変異無　色：黄色
◆備考：子宝は安定して発現し、やや丸く長い。葉は斜上する。（写真は4号鉢）

10月中旬：本芸の葉。

9月下旬：本芸の葉。

'星鏡'* ホシカガミ Hoshikagami

【草丈】3.8cm 　【葉長】4.3cm［10月初旬］
【葉】形態：本芸は秋〜冬
≪通年≫ 葉身：内巻き・波・フギレ・角・裏巻き
≪秋〜冬≫ 葉身：子宝　葉柄：石化
［斑］≪通年≫ 黄色の星斑・ぼた斑
【花】未開花
◆備考：子宝は丸く大きい。斑の発現は安定している。（写真は4号鉢）

10月初旬：本芸前の葉。

10月下旬：本芸の葉。

5月初旬：春の葉。

'秋渓'* シュウケイ Shukei

【草丈】4.3cm
【葉長】6.6cm［10月中旬］
【葉】形態：本芸は秋〜冬
≪通年≫ 葉身：内巻き・波
≪秋〜冬≫ 葉身：フギレ・子宝・角・裏巻き　葉柄：石化
［斑］≪通年≫白黄色の脈斑：後暗みしない非キメラ斑
【花】形態：唐子咲き／花径 51mm　色：黄色
◆備考：本芸の期間中は子宝と角が混じる。強い石化芸の葉には斑が発現しない。極めてよく抽苔する。整形花。
（写真は4号鉢）

7月下旬：夏の葉。

10月中旬：本芸の葉。

11月初旬：唐子咲きの花。

10月中旬：本芸の葉。

11月初旬：唐子咲きの花。

'胡蝶'* コチョウ Kocho

【草丈】9.8cm 【葉長】10.8cm［10月中旬］
【葉】形態：本芸は秋～冬
≪通年≫ 葉身：内巻き・フギレ・角・裏巻き
≪秋～冬≫ 葉柄：石化
≪稀≫ 葉身：子宝
［斑］≪通年≫ 黄色の星斑・ぼた斑
【花】未開花
◆備考：本芸の期間中は角に子宝が混じる。葉には光沢がある。（写真は4号鉢）

10月中旬：本芸の葉。

9月中旬：本芸の葉。

11月初旬：本芸の葉。

'昴流'* スバル Subaru

【草丈】5.2cm 【葉長】7.0cm［12月中旬］
【葉】形態：本芸は秋～冬
≪通年≫ 葉身：内巻き・フギレ・角・裏巻き
≪秋～冬≫ 葉身：子宝　葉柄：石化
［斑］≪通年≫ 黄色の星斑・ぼた斑
【花】未開花

◆備考：本芸の期間中は角に子宝が混じる。斑の発現は安定している。（写真は4号鉢）

12月中旬：本芸の葉。

5月初旬：春の葉。

'御所車'* ゴショグルマ Gosyoguruma

【草丈】5.1cm　【葉長】8.2cm［10月中旬］
【葉】形態：本芸は秋～冬
≪通年≫ 葉身：内巻き・波・裏巻き
≪秋～冬≫ 葉身：フギレ・子宝・角
葉柄：石化
［斑］≪通年≫ 白黄色の脈斑：後暗みしない非キメラ斑
【花】形態：半管咲き／花径33mm
色：黄色
◆備考：強い石化芸の葉には斑が発現しない。通常は花が半管咲きであるが、完全な管咲きになることもある。整形花。（写真は4号鉢）

8月中旬：夏の葉。

10月中旬：本芸の葉。

11月下旬：半管咲きと管咲きが混じった花。

11月初旬：本芸の葉。

11月下旬：半管咲きの花。

'蛍狩り'* ホタルガリ Hotarugari

【草丈】3.7cm　【葉長】4.7cm［10月初旬］
【葉】形態：本芸は秋〜冬
≪通年≫ 葉身：内巻き・波・フギレ・角・裏巻き
≪秋〜冬≫ 葉身：子宝　葉柄：石化
［斑］≪通年≫ 黄色の星斑・ぼた斑

【花】未開花
◆備考：本芸の期間中は子宝と角が混じる。
葉柄は短い。斑の発現は安定している。
（写真は4号鉢）

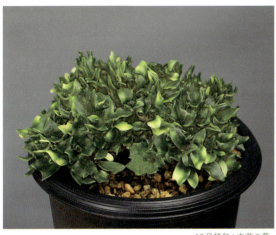
10月初旬：本芸の葉。

5月初旬：春の葉。

'霊峰'* レイホウ Reiho

【草丈】6.7cm　【葉長】7.8cm［11月初旬］
【葉】形態：本芸は秋〜冬
≪通年≫ 葉身：内巻き・波・フギレ・角・裏巻き
≪秋〜冬≫ 葉身：子宝　葉柄：石化
［斑］≪通年≫ 黄色の星斑・ぼた斑
【花】未開花
◆備考：子宝は多様な形態を示す。
斑の発現は安定している。（写真は4号鉢）

8月下旬：夏の葉。

11月初旬：本芸の葉。

5月下旬：春の葉。

'黄炎'* コウエン Koen

【草丈】2.7cm 　【葉長】3.6cm［10月中旬］
【葉】形態：本芸は秋〜冬
≪通年≫ 葉身：内巻き・波・フギレ・角・裏巻き 　葉柄：石化
≪秋〜冬≫ 葉身：子宝
［斑］≪通年≫ 黄色の星斑・ぼた斑
【花】未開花
◆備考：春の葉に発現する斑の面積は極めて大きい。秋から冬にかけては斑の数が少なくなる。（写真は4号鉢）

9月中旬：本芸前の葉。

10月中旬：本芸の葉。

4月初旬：春の葉。

'渓翠'* ケイスイ Keisui

【草丈】3.1cm 　【葉長】3.5cm［10月中旬］
【葉】形態：本芸は秋〜冬
≪通年≫ 葉身：内巻き・波・フギレ・角・裏巻き
≪秋〜冬≫ 葉身：子宝 　葉柄：石化
【花】形態：変異無 　色：黄色
◆備考：草丈が低く、這うように葉を展開する。微細な子宝が密に発現する。（写真は4号鉢）

10月中旬：本芸の葉。

10月中旬：本芸の葉。

'彩宝'* サイホウ Saiho

【草丈】4.7cm 【葉長】5.7cm［11月初旬］
【葉】形態：本芸は秋〜冬
≪通年≫ 葉身：内巻き・波・フギレ・角・裏巻き
≪秋〜冬≫ 葉身：子宝　葉柄：石化
【花】未開花

◆備考：夏の葉にも子宝が発現することが多い。子宝は丸く短い。（写真は4号鉢）

9月中旬：本芸前の葉。

11月初旬：本芸の葉。

'真鶴'* マナヅル Manazuru

【草丈】4.2cm 【葉長】5.2cm［10月中旬］
【葉】形態：本芸は秋〜冬
≪通年≫ 葉身：裏巻き
≪秋〜冬≫ 葉身：内巻き・波・フギレ・子宝・角
葉柄：石化

【花】形態：変異無　色：黄色
◆備考：本芸の期間中は子宝と角が混じる。子宝は密で、発現は安定している。（写真は4号鉢）

9月下旬：本芸の葉。

10月中旬：本芸の葉。

'華厳'* ケゴン Kegon

【草丈】5.1cm 　【葉長】6.2cm［9月下旬］
【葉】形態：本芸は秋～冬
≪通年≫ 葉身：内巻き・波・フギレ・角・裏巻き
≪秋～冬≫ 葉身：子宝　葉柄：石化
【花】形態：変異無　色：黄色
◆備考：本芸の期間中は子宝と角が混じる。
子宝は長く伸びる。（写真は4号鉢）

9月下旬：本芸の葉。

10月中旬：本芸の葉。

8月下旬：夏の葉。

'竜神' リュウジン Ryujin

【草丈】4.3cm 　【葉長】5.7cm［10月中旬］
【葉】形態：本芸は秋～冬
≪通年≫ 葉身：内巻き・波
≪秋～冬≫ 葉身：フギレ・子宝・角・裏巻き
葉柄：石化
【花】形態：変異無　色：黄色
◆備考：本芸の期間中は子宝と角が混じる。
細かい角が密に発現する。（写真は4号鉢）

10月中旬：本芸の葉。

10月中旬：本芸の葉。

11月初旬：本芸の葉。

'織姫'* オリヒメ Orihime

【草丈】2.4cm 【葉長】3.3cm［10月初旬］
【葉】形態：本芸は秋〜冬
≪通年≫ 葉身：内巻き・波
≪秋〜冬≫ 葉身：フギレ・角・裏巻き
葉柄：石化
≪稀≫ 葉身：子宝
［斑］≪通年≫ 黄色の星斑・ぼた斑
≪秋〜冬≫ 白黄色の脈斑：後暗みしな
い非キメラ斑
【花】未開花
◆備考：本芸の期間中は角に子宝が混じ
ることがある。春から秋までは斑の発現
が安定している。強い石化芸の葉には斑
が発現しにくい。（写真は4号鉢）

8月初旬：夏の葉。

10月初旬：本芸の葉。

10月中旬：本芸の葉。

'星稜郭'* セイリョウカク Seiryokaku

【草丈】5.7cm 【葉長】6.4cm［11月初旬］
【葉】形態：本芸は秋〜冬
≪通年≫ 葉身：内巻き・波・フギレ・角・裏巻き
≪秋〜冬≫ 葉身：子宝 葉柄：石化
［斑］≪通年≫ 黄色の星斑・ぼた斑

【花】形態：変異無 色：黄色
◆備考：本芸の期間中は子宝と角が混じる。葉には
光沢がある。斑の発現は安定している。
（写真は4号鉢）

11月初旬：本芸の葉。

9月中旬：本芸前の葉。

'剣山'* ケンザン Kenzan

【草丈】5.6cm 　【葉長】6.3cm［11月初旬］
【葉】形態：本芸は秋～冬
≪通年≫ 葉身：内巻き・波・裏巻き
≪秋～冬≫ 葉身：フギレ・子宝・角　葉柄：石化

【花】形態：変異無　色：黄色
◆備考：本芸の期間中は子宝と角が混じる。子宝は長く伸び、分裂することがある。（写真は4号鉢）

11月初旬：本芸の葉。

11月初旬：本芸の葉。

'竜宮'* リュウグウ Ryugu

【草丈】4.6cm 　【葉長】6.1cm［10月中旬］
【葉】形態：本芸は秋～冬
≪通年≫ 葉身：内巻き・波・裏巻き
≪秋～冬≫ 葉身：フギレ・角　葉柄：石化
≪稀≫ 葉身：子宝
［斑］≪通年≫ 黄色の星斑・ぼた斑

【花】形態：変異無　色：黄色
◆備考：本芸の期間中は角に子宝が混じることがある。子宝は長く伸びる。強い石化芸の葉には斑が発現しにくい。（写真は4号鉢）

9月下旬：本芸の葉。

10月中旬：本芸の葉。

'雷電'* ライデン Raiden

【草丈】7.1cm 【葉長】9.0cm［10月中旬］
【葉】形態：本芸は秋〜冬
≪通年≫ 葉身：内巻き・波
≪秋〜冬≫ 葉身：フギレ・子宝・角・裏巻き
葉柄：石化

【花】未開花
◆備考：本芸の期間中は子宝と角が混じる。微細な子宝が密に発現する。重厚な草姿。（写真は4号鉢）

9月中旬：本芸の葉。

10月中旬：本芸の葉。

10月中旬：本芸の葉。

10月下旬：本芸の葉。

9月下旬：本芸の葉。

8月中旬：本芸前の葉。

'水煙'* スイエン Suien

【草丈】4.8cm 　【葉長】5.4cm［10月中旬］
【葉】形態：本芸は秋～冬
≪通年≫ 葉身：内巻き・波・雨垂れ
≪秋～冬≫ 葉身：フギレ・子宝・角・裏巻き
葉柄：石化
【花】形態：唐子咲き／花径49mm
色：黄色
◆備考：子宝は長く伸びる。雨垂れは短い。
整形花。（写真は4号鉢）

10月中旬：本芸の葉。

10月中旬：本芸の葉。

11月初旬：唐子咲きの花。

9月中旬：本芸の葉。

11月初旬：唐子咲きの花。

'飛天'* ヒテン Hiten

【草丈】4.8cm 【葉長】6.8cm［9月下旬］
【葉】形態：本芸は秋～冬
≪通年≫ 葉身：内巻き・波・フギレ・角・裏巻き
≪秋～冬≫ 葉身：子宝　葉柄：石化
【花】未開花
◆備考：本芸の期間中は子宝と角が混じる。やや長い子宝が密に発現する。（写真は4号鉢）

10月中旬：本芸の葉。

9月下旬：本芸の葉。

5月中旬：春の葉。

'大鳳'* オオトリ Otori

【草丈】7.3cm 【葉長】9.2cm［11月初旬］
【葉】形態：本芸は秋～冬
≪通年≫ 葉身：内巻き・フギレ・角・裏巻き
葉柄：石化
≪秋～冬≫ 葉身：子宝
［斑］≪通年≫ 黄色の星斑・ぼた斑
【花】未開花
◆備考：本芸の期間中は子宝と角が混じることがある。葉には光沢がある。星斑の発現は安定している。（写真は4号鉢）

11月初旬：本芸の葉。

11月初旬：本芸の葉。

9月下旬：本芸前の葉。

'華燭'* カショク Kashoku

【草丈】6.8cm　【葉長】7.2cm［11月中旬］
【葉】形態：本芸は秋～冬
≪通年≫ 葉身：内巻き・波・フギレ・角・裏巻き
≪秋～冬≫ 葉身：子宝　葉柄：石化
【花】形態：唐子咲き／花径39mm
色：黄色
◆備考：長く尖った子宝が密に発現する。整形花。（写真は4号鉢）

8月中旬：夏の葉。

9月中旬：本芸の葉。

10月下旬：唐子咲きの花。

11月中旬：本芸の葉。

10月下旬：唐子咲きの花。

'島風'* シマカゼ Shimakaze

【草丈】7.0cm 　【葉長】8.7cm［10月下旬］
【葉】形態：本芸は秋～冬
≪通年≫ 葉身：内巻き・波・フギレ・角・裏巻き
≪秋～冬≫ 葉身：子宝　葉柄：石化
【花】形態：変異無　色：黄色

◆備考：本芸の期間中は子宝と角が混じる。子宝は粗に発現し、長く伸びる。
（写真は4号鉢）

10月下旬：本芸の葉。

7月下旬：夏の葉。

'風雲'* カザグモ Kazagumo

【草丈】8.3cm 　【葉長】9.9cm［11月下旬］
【葉】形態：本芸は秋～冬
≪通年≫ 葉身：内巻き・波・フギレ・角・裏巻き
≪秋～冬≫ 葉身：子宝　葉柄：石化
［斑］≪通年≫乳白色の脈斑：後暗みしない非キメラ斑
【花】形態：変異無　色：黄色
◆備考：本芸の期間中は子宝と角が混じる。子宝の幾つかは非常に長く伸びる。石化芸の葉にも斑が発現する。（写真は4号鉢）

11月下旬：本芸の葉。

11月下旬：本芸の葉。

'珠獅子' タマジシ Tama-jishi

【草丈】8.6cm 　【葉長】9.7cm［10月中旬］
【葉】形態：本芸は秋～冬
≪通年≫ 葉身：内巻き・波
≪秋～冬≫ 葉身：角・裏巻き　葉柄：石化
≪稀≫ 葉身：子宝
［斑］≪通年≫乳白色の脈斑：後暗みしない非キメラ斑
【花】形態：変異無　色：黄色
◆備考：角は短い。通年に渡り斑が鮮明である。
（写真は4号鉢）

10月中旬：本芸の葉。

10月中旬：本芸の葉。

'緑雲'* リョクウン Ryokuun

【草丈】6.1cm 【葉長】8.7cm［10月中旬］
【葉】形態：本芸は秋〜冬
≪通年≫ 葉身：内巻き・波・雨垂れ・フギレ・角・裏巻き　葉柄：石化・枝分れ
≪秋〜冬≫ 葉身：子宝
【花】未開花
◆備考：通年に渡り著しい枝分れが発現する。
重厚な草姿。（写真は4号鉢）

10月中旬：本芸の葉。

10月中旬：本芸の葉。

9月中旬：本芸前の葉。

10月下旬：本芸の葉。

8月下旬：晩夏の葉。

'極'* キワミ Kiwami

【草丈】5.9cm 【葉長】6.6cm［10月中旬］
【葉】形態：本芸は秋〜冬
≪通年≫ 葉身：内巻き・波・フギレ・角・裏巻き
葉柄：石化
≪秋〜冬≫ 葉身：子宝
≪稀≫ 葉身：昇龍
［斑］≪通年≫ 黄色の星斑・ぼた斑
【花】未開花
◆備考：細かな子宝が密に発現する。
石化芸の葉でも斑は鮮明に現れる。（写真は4号鉢）

11月初旬：本芸の葉。

10月中旬：本芸の葉。

9月初旬：本芸前の葉。

10月中旬：本芸の葉。

8月初旬：夏の葉。

'孔雀丸' クジャクマル Kujakumaru

【草丈】9.1cm 　【葉長】10.5cm［11月中旬］
【葉】形態：本芸は秋～冬
≪通年≫ 葉身：内巻き・波
≪秋～冬≫ 葉身：子宝・角・裏巻き　葉柄：石化
［斑］≪通年≫ 乳白色の脈斑：後暗みしない非キメラ斑
【花】形態：不定形　色：黄色
◆備考：葉縁の中央部が窪み、角が密に発現する。子宝の一部が長く伸びることがある。強い石化芸の葉には斑が発現しない。（写真は4号鉢）

11月中旬：本芸の葉

10月中旬：本芸の葉。

11月中旬：本芸の葉。

9月初旬：初秋の葉。

'陽炎'* カゲロウ Kagero

【草丈】7.4cm 　【葉長】8.7cm［10月中旬］
【葉】形態：本芸は秋～冬
≪通年≫ 葉身：内巻き・波
≪秋～冬≫ 葉身：フギレ・子宝・角・裏巻き　葉柄：石化
［斑］≪通年≫ 白黄色の脈斑：後暗みしない非キメラ斑
【花】未開花
◆備考：秋に展開する新葉は曙斑のように見える。強い石化芸の葉には斑が発現しない。（写真は4号鉢）

10月中旬：本芸の葉。

9月初旬：本芸前の葉。

10月中旬：本芸の葉。

'端雪'* タンセツ Tansetsu

【草丈】1.9cm 　【葉長】2.3cm［10月中旬］
【葉】形態：本芸は秋～冬
≪通年≫ 葉身：内巻き・波
≪秋～冬≫ 葉身：角・裏巻き　葉柄：石化
［斑］≪春～夏≫ 乳白色の脈斑：後暗みしない非キメラ斑
【花】形態：変異無　色：黄色
◆備考：草丈が低く、這うように葉を展開する。葉縁の毛状突起が長く残り白く見える。強い石化芸の葉には斑が発現しない。（写真は4号鉢）

10月中旬：本芸の葉。

10月中旬：本芸の葉。

11月中旬：本芸の葉。

'玉琳'* ギョクリン Gyokurin

【草丈】2.8cm 　【葉長】3.4cm［10月中旬］
【葉】形態：本芸は秋～冬
≪通年≫ 葉身：内巻き・波・裏巻き
≪秋～冬≫ 葉身：フギレ・角　葉柄：石化
【花】形態：変異無　色：黄色
◆備考：典型的な角芸。細かい角が密に発現する。葉柄は短く太い。（写真は4号鉢）

10月中旬：本芸の葉。

10月中旬：本芸の葉。

'宝珠'* ホウジュ Hoju

【草丈】2.7cm 【葉長】3.1cm［12月初旬］
【葉】形態：本芸は秋〜冬
≪通年≫ 葉身：内巻き・波
≪秋〜冬≫ 葉身：フギレ・角・裏巻き
［斑］≪通年≫ 乳白色の掃込み斑：後暗みしないキメラ斑　乳白色の脈斑：後暗みしない非キメラ斑
【花】未開花
◆備考：斑の模様は不安定で、うぶ斑がよく発現する。生育速度が遅く増殖も緩慢である。
（写真は4号鉢）

12月初旬：本芸の葉。

12月初旬：本芸の葉。

'玄海獅子' ゲンカイジシ Genkai-jishi

【草丈】3.5cm 【葉長】4.4cm［10月中旬］
【葉】形態：本芸は秋〜冬
≪通年≫ 葉身：内巻き・波
≪秋〜冬≫ 葉身：フギレ・角・裏巻き　葉柄：石化
【花】形態：変異無　色：黄色
◆備考：福岡県産、情報の入手先：英晃園（福岡県北九州市）。角は子宝との中間的な形態を示す。
（写真は4号鉢）

10月中旬：本芸の葉。

9月下旬：本芸の葉。

10月初旬：本芸の葉。

'神華'* ジンカ Jinka

【草丈】6.8cm 【葉長】8.5cm［10月中旬］
【葉】形態：本芸は秋〜冬
≪通年≫ 葉身：内巻き・波・フギレ・角・裏巻き
≪春〜夏≫ 葉身：雨垂れ
≪秋〜冬≫ 葉柄：石化・枝分れ
【花】形態：丁子咲き／花径46mm
色：黄色・緑芯
◆備考：葉縁は角と子宝との中間的な形態を示す。唐子咲きと丁子咲きの中間的な咲き方になる。充実した株では花が枯れるまで緑芯を維持する。整形花。
（写真は4号鉢）

9月初旬：初秋の葉。

10月中旬：本芸の葉。

11月中旬：丁子咲きの花。

10月中旬：本芸の葉。

11月中旬：緑芯・丁子咲きの花。

'白泉流'* ハクセンリュウ Hakusenryu

【草丈】3.5cm 【葉長】4.7cm［10月初旬］
【葉】形態：本芸は秋〜冬
≪通年≫ 葉身：内巻き・波・フギレ・角・裏巻き
≪秋〜冬≫ 葉柄：石化
［斑］≪通年≫ 乳白色の脈斑：後暗みしない非キメラ斑
【花】形態：変異無　色：黄色
◆備考：舌状花冠の先端はフギレになる。春から秋までは斑が極めて鮮明に発現する。整形花。
（写真は4号鉢）

10月下旬：先端がフギレになる舌状花冠。

10月初旬：本芸の葉。

8月下旬：脈斑が鮮明な夏の葉。

10月下旬：先端がフギレになる舌状花冠。

'潮騒'* シオサイ Shiosai

【草丈】2.5cm 【葉長】4.3cm［10月中旬］
【葉】形態：本芸は秋〜冬
≪通年≫ 葉身：内巻き・波・フギレ・角・裏巻き
≪秋〜冬≫ 葉柄：石化
［斑］≪通年≫ 黄色の星斑
【花】未開花
◆備考：秋には曙斑のような黄緑色の新葉が展開する。（写真は4号鉢）

9月初旬：本芸前の葉。

10月初旬：本芸の葉。

10月中旬：本芸の葉。

'竜宝' リュウホウ Ryuho

【草丈】3.4cm 【葉長】3.9cm［10月中旬］
【葉】形態：本芸は秋〜冬
≪通年≫ 葉身：内巻き・波
≪秋〜冬≫ 葉身：フギレ・角・裏巻き
葉柄：石化
【花】形態：変異無　色：黄色
◆備考：角は長く、子宝との中間的な形態を示す。(写真は4号鉢)

11月中旬：本芸の葉。

9月初旬：本芸前の葉。

10月中旬：本芸の葉。

10月中旬：本芸の葉。

'鬼爪'* オニヅメ Onizume

【草丈】3.5cm 【葉長】5.1cm［10月初旬］
【葉】形態：本芸は秋〜冬
≪通年≫ 葉身：内巻き　葉柄：石化
≪秋〜冬≫ 葉身：波・フギレ・角・裏巻き
［斑］≪通年≫ 黄色の星斑・ぼた斑
【花】形態：変異無　色：黄色
◆備考：典型的な角芸。春から夏までは鮮明な斑が発現する。秋から冬にかけては斑が全く現れないことが多い。(写真は4号鉢)

9月中旬：本芸の葉。

10月初旬：本芸の葉。

4月下旬：春の葉。

'四国神龍' シコクシンリュウ Shikoku-shinryu

【草丈】5.3cm 【葉長】7.7cm［10月初旬］
【葉】形態：本芸は秋～冬
≪通年≫ 葉身：内巻き・裏巻き
≪秋～冬≫ 葉身：波・フギレ・角 葉柄：石化
［斑］≪通年≫ 乳白色の脈斑：後暗みしない非キメラ斑
【花】形態：管咲き／花径41mm 色：黄色
◆備考：典型的な管咲き。栽培環境によって斑が発現しないことがある。整形花。
（写真は4号鉢）

11月中旬：管咲きの花。

10月初旬：本芸の葉。

10月初旬：本芸の葉。

11月中旬：管咲きの花。

'キント雲'* キントウン Kintoun

【草丈】6.8cm 【葉長】9.1cm［10月中旬］
【葉】形態：本芸は秋～冬
≪通年≫ 葉身：内巻き・波
≪秋～冬≫ 葉身：角・裏巻き 葉柄：石化
［斑］≪通年≫ 乳白色の脈斑：後暗みしない非キメラ斑
【花】形態：幾つかの舌状花冠／管咲き 色：黄色
◆備考：葉は斜上する。角はやや丸く、大きい。斑は通年に渡り鮮明に発現する。
（写真は4号鉢）

11月初旬：管咲きが混じった花。

9月下旬：本芸の葉。

10月中旬：本芸の葉。

'黒龍' コクリュウ Kokuryu

【草丈】5.3cm 【葉長】7.4cm［10月下旬］
【葉】形態：本芸は通年
≪通年≫ 葉身：内巻き・波・フギレ・角・裏巻き
【花】形態：変異無　色：黄色
◆備考：'宇和の小波'と'阿波竜'との交配種、育種者／松浦卓夫氏（愛媛県松山市）、情報の入手先／育種者。典型的な角芸。葉身は黒色を帯びる。（写真は4号鉢）

7月下旬：本芸の葉。

10月下旬：本芸の葉。

'黄竜'* コウリュウ Koryu

【草丈】15.4cm
【葉長】16.6cm［10月初旬］
【葉】形態：本芸は秋～冬
≪秋～冬≫ 葉身：内巻き・波・フギレ・角・裏巻き
葉柄：石化
［斑］≪春～夏≫ 黄色の散り斑：後暗みする非キメラ斑
【花】形態：変異無
色：黄色
◆備考：春は斑入り、秋には形態芸を現す。石化は弱い。（写真は4号鉢）

10月初旬：形態芸を示した葉。

5月下旬：黄色の散り斑が発現した葉。

'福満凌' フクマンリョウ Fukumanryo

【草丈】4.6cm 【葉長】5.7cm［10月中旬］
【葉】形態：本芸は秋～冬
≪通年≫ 葉身：内巻き・波
≪秋～冬≫ 葉身：角・裏巻き　葉柄：石化
【花】形態：変異無　色：黄色
◆備考：葉柄は石化と達磨性石化との中間的な形態を示す。（写真は4号鉢）

9月下旬：本芸の葉。

10月中旬：本芸の葉。

'雨垂れ' アマダレ Amadare

【草丈】14.5cm 　【葉長】15.2cm［5月初旬］
【葉】形態：本芸は春～夏
≪通年≫ 葉身：内巻き・フギレ・角　葉柄：枝分れ・尻尾
≪春～夏≫ 葉身裏面・葉縁：雨垂れ
【花】形態：変異無　色：黄色
◆備考：葉身裏面・葉縁共に雨垂れが発現する。
（写真は4号鉢）

5月初旬：本芸の葉。　　　　　5月初旬：本芸の葉。

'八角雨龍' ハッカクウリュウ Hakkaku-uryu

【草丈】24.7cm 　【葉長】28.1cm［5月初旬］
【葉】形態：本芸は春～夏
≪通年≫ 葉身：内巻き・フギレ・角
≪春～夏≫ 葉身裏面・葉縁：雨垂れ
【花】形態：舌状花冠／内巻き　色：黄色
◆備考：葉身裏面・葉縁共に雨垂れが発現する。葉身裏面にある雨垂れの表面は窪む。
（写真は4号鉢）

11月中旬：内巻きの舌状花冠。

5月初旬：本芸の葉。　　　　　5月初旬：本芸の葉。

'ピエロ' Pierrot

【草丈】13.5cm
【葉長】15.2cm［6月初旬］
【葉】形態：本芸は通年
≪通年≫ 葉身：内巻き・波・雨垂れ・フギレ・角
【花】形態：変異無
色：黄色
◆備考：愛媛県八幡浜市産、発見者／松浦卓夫氏（愛媛県松山市）、情報の入手先／発見者。葉縁に長い雨垂れを発現する。（写真は4号鉢）

6月初旬：本芸の葉。　　　　8月中旬：本芸の葉。

'紫達磨' ムラサキダルマ Murasaki-daruma

【草丈】21.2cm
【葉長】24.9cm［4月中旬］
【葉】形態：本芸は秋～冬
≪通年≫ 葉身：内巻き・波・獅子
≪秋～冬≫ 葉柄：達磨性石化
【花】形態：縮咲き
色：黄色
◆備考：旧名'雪達磨'。葉身裏面と葉柄は濃い赤紫色。（写真は4.5号鉢）

4月中旬：本芸の葉。　　　　12月中旬：本芸の葉。

'布袋' ホテイ Hotei

【草丈】14.3cm
【葉長】15.7cm［4月下旬］
【葉】形態：本芸は春～夏
≪通年≫ 葉身：内巻き・波・獅子
≪春～夏≫ 葉柄：達磨性石化
【花】形態：縮咲き
色：黄色
◆備考：古くから知られている代表的な達磨性石化芸品種。普及品種。（写真は4号鉢）

4月下旬：本芸の葉。　　　　4月下旬：本芸の葉。

'達磨獅子' ダルマジシ Daruma-jishi

【草丈】12.9cm 【葉長】14.1cm［5月初旬］
【葉】形態：本芸は春〜夏
≪通年≫ 葉身：内巻き・波・獅子・角
葉柄：達磨性石化
【花】形態：縮咲き　色：黄色
◆備考：達磨性石化の発現は安定している。
秋から冬は石化芸が弱くなる。普及品種。
（写真は4.5号鉢）

4月下旬：本芸の葉。

5月初旬：本芸の葉。

7月下旬：本芸の葉。

5月初旬：本芸の葉。

11月中旬：軽微な縮みを示す花。

'ゲンコツ' Genkotsu

【草丈】12.7cm 【葉長】14.5cm［5月中旬］
【葉】形態：本芸は春〜夏
≪通年≫ 葉身：内巻き・波・獅子・角
≪春〜夏≫ 葉柄：達磨性石化
【花】形態：縮咲き 色：黄色
◆備考：達磨性石化を発現すると葉柄の幅が極めて広くなり、草丈も低くなる。
（写真は4.5号鉢）

9月初旬：秋の葉。

5月中旬：本芸の葉。

5月中旬：本芸の葉。

11月中旬：軽微な縮みを示す花。

'月輪'* ゲツリン Getsurin

【草丈】11.5cm 【葉長】12.2cm［5月初旬］
【葉】形態：本芸は通年
≪秋〜冬≫ 葉身：内巻き・波・獅子
≪稀≫ 葉身：受け 葉柄：達磨性石化・枝分れ
【花】未開花
◆備考：葉身の毛状突起が長く残り、葉が白く見える。
（写真は4号鉢）

5月初旬：本芸の葉。

9月中旬：本芸の葉。

4月初旬：受け芸の葉。

'姫達磨' ヒメダルマ Hime-daruma

【草丈】13.1cm 　【葉長】15.3cm［5月初旬］
【葉】形態：本芸は春〜夏
≪通年≫ 葉身：内巻き・波・獅子
≪春〜夏≫ 葉柄：達磨性石化
【花】形態：縮咲き　色：黄色

◆備考：秋から冬にかけても達磨性石化が発現することがある。達磨性石化を発現した葉柄は、短く幅が極めて広い。（写真は4.5号鉢）

5月初旬：本芸の葉。

7月下旬：本芸の葉。

5月初旬：本芸の葉。

3月中旬：春の葉。

3月下旬：本芸の葉。

11月下旬：中間的な縮みを示す花。

'極翔'* キョクショウ Kyokusho

【草丈】14.6cm 【葉長】16.0cm［5月初旬］
【葉】形態：本芸は通年
≪通年≫ 葉身：内巻き・波・獅子・角　葉柄：達磨性石化・枝分れ
［斑］≪通年≫ 黄色の星斑・ぼた斑
【花】未開花
◆備考：石化した葉柄は2又以上の枝分れを示す。（写真は4号鉢）

5月初旬：本芸の葉。

10月中旬：秋の葉。

'星達磨'* ホシダルマ Hoshi-daruma

【草丈】13.8cm 【葉長】15.4cm［4月中旬］
【葉】形態：本芸は通年
≪通年≫ 葉身：内巻き・波・獅子・角
葉柄：達磨性石化・枝分れ
［斑］≪通年≫ 黄色の星斑・ぼた斑
【花】形態：縮咲き・茶筅咲き　色：黄色
◆備考：葉には光沢がある。達磨性石化芸品種の中で、星斑の発現が安定している個体は稀である。（写真は4号鉢）

10月初旬：本芸の葉。

4月中旬：本芸の葉。

4月中旬：本芸の葉。

3月下旬：本芸前の葉。

'無双達磨'* ムソウダルマ Muso-daruma

【草丈】12.6cm　【葉長】14.2cm［4月中旬］
【葉】形態：本芸は通年
≪通年≫ 葉身：内巻き・波・獅子・角
葉柄：達磨性石化・枝分れ
≪春～夏≫ 葉身：子宝
【花】形態：変異無　色：黄色
◆備考：葉柄には枝分れが、葉身には子宝が発現する。（写真は4号鉢）

4月中旬：本芸の葉。

4月中旬：本芸の葉。

4月中旬：本芸の葉。

'千手達磨'* センジュダルマ Senju-daruma

【草丈】11.8cm　【葉長】13.3cm［4月初旬］
【葉】形態：本芸は通年
≪通年≫ 葉身：内巻き・波・獅子・角
葉柄：達磨性石化・枝分れ
≪稀≫ 葉身：子宝
【花】形態：変異無　色：黄色
◆備考：春には著しい枝分れが発現する。
達磨性石化の発現は安定している。
（写真は4号鉢）

4月初旬：本芸の葉。

4月初旬：本芸の葉。　　　4月中旬：本芸の葉。

'天山'* テンザン Tenzan

【草丈】11.0cm　【葉長】12.1cm［4月初旬］
【葉】形態：本芸は通年
≪通年≫葉身：内巻き・波・獅子・角
葉柄：達磨性石化
≪春～夏≫葉身：子宝
【花】形態：変異無　色：黄色
◆備考：子宝は長く伸びる。
達磨性石化の発現は安定している。
（写真は4号鉢）

4月初旬：本芸の葉。

4月中旬：本芸の葉。

9月初旬：本芸の葉。

'渦達磨'* ウズダルマ Uzu-daruma

【草丈】13.3cm　【葉長】15.8cm［9月初旬］
【葉】形態：本芸は通年
≪通年≫葉身：内巻き・波・獅子・角
葉柄：達磨性石化
【花】形態：変異無　色：黄色
◆備考：葉身が渦巻状になる稀有な
達磨性石化芸品種。（写真は4号鉢）

9月初旬：本芸の葉。

8月中旬：本芸の葉。

'巾着達磨'* キンチャクダルマ Kinchaku-daruma

【草丈】10.4cm　【葉長】13.1cm［4月中旬］
【葉】形態：本芸は通年
≪通年≫葉身：内巻き・波・獅子・角
葉柄：達磨性石化
【花】形態：縮咲き　色：黄色
◆備考：達磨性石化芸を示した葉柄は短く幅が広い。
花は顕著な縮咲き。小型の品種。（写真は4号鉢）

4月中旬：本芸の葉。

9月下旬：本芸の葉。

'富士達磨'* フジダルマ Fuji-daruma

【草丈】11.6cm 【葉長】13.2cm［8月中旬］
【葉】形態：本芸は通年
≪通年≫ 葉身：内巻き・波・獅子・角
葉柄：達磨性石化
≪夏～冬≫ 葉柄：枝分れ
［斑］≪通年≫ 黄色の星斑・ぼた斑
【花】形態：変異無　色：黄色
◆備考：葉身の毛状突起が長く残り、葉が白く見える。（写真は4号鉢）

9月中旬：本芸の葉。

8月中旬：本芸の葉。

5月初旬：春の葉。

8月中旬：本芸の葉。

7月下旬：夏の葉。

'孔雀達磨'* クジャクダルマ Kujaku-daruma

【草丈】12.6cm 【葉長】14.4cm［4月初旬］
【葉】形態：本芸は通年
≪通年≫ 葉身：内巻き・波・獅子
葉柄：達磨性石化・枝分れ
≪春≫ 葉身：子宝
【花】未開花
備考：春には著しい枝分れが発現する。
やや小型の品種。（写真は4号鉢）

4月初旬：本芸の葉。

'姫クローバー' ヒメクローバー Himeclover

【草丈】12.3cm 【葉長】14.1cm［9月中旬］
【葉】形態：本芸は通年
≪通年≫ 葉身：内巻き・波・フギレ・角・裏巻き
葉柄：枝分れ・尻尾
【花】形態：変異無　色：黄色
◆備考：葉柄は細いが硬い。尻尾は短い。
よく増殖し株立ちになりやすい。（写真は4号鉢）

9月中旬：本芸の葉。

'唐楓'* カラカエデ Karakaede

【草丈】18.1cm 【葉長】20.0cm［9月下旬］
【葉】形態：本芸は通年
≪通年≫ 葉身：内巻き・波・フギレ・角・裏巻き
葉柄：枝分れ・尻尾
【花】形態：唐子咲き／花径47mm　色：黄色
◆備考：尻尾は短い。花柄は太く硬い。
整形花。（写真は4号鉢）

5月中旬：本芸の葉。

9月下旬：本芸の葉。

10月下旬：唐子咲きの花。

'光琳'* コウリン Korin

【草丈】19.1m 【葉長】21.4cm［9月下旬］
【葉】形態：本芸は通年
≪通年≫ 葉身：内巻き・波・フギレ・角・裏巻き
葉柄：枝分れ・尻尾
【花】形態：唐子咲き／花径56mm 色：黄色
◆備考：花柄は細く硬い。よく増殖し株立になりやすい。整形花。（写真は4号鉢）

10月下旬：唐子咲きの花。

10月下旬：唐子咲きの花。

9月下旬：本芸の葉。

'青龍角' セイリュウカク Seiryu-kaku

【草丈】14.7cm 【葉長】16.6cm［10月初旬］
【葉】形態：本芸は主に秋〜冬 ≪通年≫ 葉身：内巻き・波・フギレ・角・裏巻き
≪稀≫ 葉柄：枝分れ
【花】形態：変異無 色：黄色
◆備考：春から夏に発現する芸は弱い。小さい株では枝分れを発現するが、成株になると枝芸を現すことが少ない。葉には光沢がある。（写真は4号鉢）

10月初旬：本芸の葉。

10月中旬：本芸の葉。

11月初旬：標準的な花。

'紫宸殿' シシンデン Shishinden

【草丈】11.6cm 　【葉長】12.2cm［10月中旬］
【葉】形態：本芸は秋〜冬
≪通年≫ 葉身：内巻き・波・フギレ・角・裏巻き
葉柄：枝分れ
≪秋〜冬≫ 葉柄：尻尾
≪稀≫ 葉身：子宝
【花】形態：変異無　色：黄色
◆備考：春から夏に発現する芸は弱い。秋には著しい枝分れが発現する。根茎が変形することがある。（写真は4号鉢）

10月中旬：本芸の葉。

12月初旬：本芸の葉。

10月初旬：本芸の葉。

11月初旬：本芸の葉。

'屋久姫'* ヤクヒメ Yakuhime

【草丈】10.2cm 　【葉長】14.6cm［9月初旬］
【葉】形態：本芸は通年
≪通年≫ 葉身：フギレ・角
【花】形態：ツワブキとカンツワブキとの中間的な形態　色：黄色
◆備考：ツワブキとカンツワブキとの種間雑種。葉は両種の中間的な形態を示す。（写真は4号鉢）

5月初旬：本芸の葉。

9月初旬：本芸の葉。

11月下旬：ツワブキとカンツワブキとの中間的な形態の花。

'屋久の幻'* ヤクノマボロシ Yaku-no-maboroshi

【草丈】5.2cm 【葉長】7.3cm［12月中旬］
【葉】形態：本芸は秋〜冬
≪通年≫葉身：内巻き・波・フギレ・角・裏巻き
≪通年≫葉柄：石化
【花】形態：ツワブキとカンツワブキとの中間的な形

態　色：黄色
◆備考：ツワブキとカンツワブキとの種間雑種で、葉柄が石化する稀有な品種。秋には石化芸が著しくなる。（写真は4号鉢）

5月初旬：春の葉。

12月中旬：本芸の葉。

5月中旬：春の葉。

11月下旬：ツワブキとカンツワブキとの中間的な形態の花。

9月中旬：本芸前の葉。

11月下旬：ツワブキとカンツワブキとの中間的な形態の花。

'麒麟樹' キリンジュ Kirin-ju

【草丈】23.6cm 　【葉長】27.8cm［10月下旬］
【葉】形態：本芸は通年
≪通年≫葉身：内巻き・波・獅子・麒麟
【花】形態：縮咲き　色：黄色
◆備考：冬には葉縁が赤色を帯びる。
花は顕著な縮咲き。（写真は4.5号鉢）

4月初旬：本芸の葉。

12月中旬：葉縁が赤色を帯びた葉。

10月下旬：本芸の葉。

12月中旬：本芸の葉。

12月下旬：花柄に付いた獅子芸の葉。

'白翠冠' ハクスイカン Hakusuikan

【草丈】23.2cm 【葉長】30.4cm［9月中旬］
【葉】形態：変異無
［斑］≪通年≫ 白色の深覆輪斑・覆輪くずれ斑・掃込み斑：後暗みしないキメラ斑
【花】形態：変異無 色：黄色
◆備考：鹿児島県産、情報の入手先／英晃園（福岡県北九州市）。大型の品種。うぶ斑が発現することがある。（写真は4.5号鉢）

11月中旬。

7月初旬。

9月中旬。

11月下旬。

'萌黄錦' モエギニシキ Moegi-nishiki

【草丈】18.0cm 【葉長】21.3cm［5月下旬］
【葉】形態：変異無
［斑］≪春〜秋≫ 白黄色の覆輪くずれ斑・掃込み斑：キメラ斑
【花】形態：舌状花冠／細弁・内巻き 舌状花冠の先端／フギレ 色：黄色
◆備考：斑は通年に渡り維持することもあれば、後暗みすることもあるので、時間変化については記していない。通常は秋から翌春は青葉になる。
（写真は4号鉢）

5月下旬。

6月中旬。

5月初旬。

10月中旬：細弁・内巻きの舌状花冠。

'銀月' ギンゲツ Gingetsu

【草丈】15.7cm 　【葉長】22.4cm［6月下旬］
【葉】形態：変異無
［斑］≪通年≫ 乳白色の覆輪斑・覆輪くずれ斑・掃込み斑：後暗みしないキメラ斑
【花】形態：変異無　色：黄色
◆備考：'浮雲錦'（普及品種）は異名同品種かもしれない。うぶ斑が出ることがある。（写真は4号鉢）

6月下旬。

6月下旬。

10月中旬。

4月下旬。

11月初旬：斑が入った蕾（総苞）。

'小田絞り' オダシボリ Odashibori

【草丈】12.8cm　【葉長】19.7cm［7月中旬］
【葉】形態：変異無
［斑］≪通年≫ 黄色の中斑・掃込み斑：後暗みしないキメラ斑
【花】形態：舌状花冠／内巻きが混じる　色：黄色
◆備考：葉身は傘状で、葉柄は赤褐色になる。
（写真は4号鉢）

7月中旬。

5月初旬。

6月中旬。

8月下旬。

'光彩' コウサイ Kosai

【草丈】10.7cm　【葉長】16.3cm［7月初旬］
【葉】形態：変異無
［斑］≪通年≫ 乳白色～黄色の中斑・掃込み斑：後暗みしないキメラ斑
【花】形態：変異無　色：黄色
◆備考：'小田絞り'と似て非なるもので、葉柄は緑色、葉身は平らである。（写真は4号鉢）

7月初旬。

8月中旬。

9月中旬。

'閃' ヒラメキ Hirameki

【草丈】9.6cm
【葉長】15.3cm［10月初旬］
【葉】形態：変異無
［斑］≪通年≫ 黄色の中斑・掃込み斑：後暗みしないキメラ斑
【花】形態：変異無
色：黄色
◆備考：葉は低く斜上する。葉柄は太く硬い。
（写真は4.5号鉢）

9月中旬。

10月初旬。

'紀州錦' キシュウニシキ Kisyu-nishiki

【草丈】15.3cm
【葉長】21.7cm［11月中旬］
【葉】形態：変異無
［斑］≪通年≫ 乳白色～黄色の掃込み斑・散り斑：後暗みしないキメラ斑
【花】形態：変異無
色：黄色
◆備考：斑入り個体の作出を目的とした交配の子房親として知られている。
（写真は4号鉢）

10月初旬。

11月中旬。

'夢三彩' ユメサンサイ Yumesansai

【草丈】14.9.cm
【葉長】20.6cm［5月下旬］
【葉】形態：変異無
［斑］≪春～初夏≫ 乳白色～白黄色の覆輪斑・覆輪くずれ斑：後暗みするキメラ斑・季節性
【花】形態：変異無
色：黄色
◆備考：うぶ斑が頻繁に発現する。初夏から翌春までは青葉を展開する。
（写真は4号鉢）

5月下旬。

6月初旬。

'瀬戸錦' セトニシキ Seto-nishiki

【草丈】15.8cm 【葉長】24.7cm［6月下旬］
【葉】形態：変異無
［斑］≪通年≫ 白色〜乳白色の深覆輪斑・覆輪くずれ斑・掃込み斑・散り斑：後暗みしないキメラ斑
【花】形態：変異無 色：黄色
◆備考：広島県呉市産。斑の模様は多様である。うぶ斑が発現することがある。
（写真は4.5号鉢）

4月下旬。

6月下旬。

7月初旬。

'薩摩白雪' サツマシラユキ Satsuma-shirayuki

【草丈】8.8cm 【葉長】9.7cm［11月中旬］
【葉】形態：変異無
［斑］≪通年≫ 乳白色の掃込み斑・散り斑：後暗みしないキメラ斑
【花】未開花
◆備考：鮮明な掃込み斑に散り斑が混在しており、非キメラ斑に見える模様もある。小型の品種。
（写真は4号鉢）

4月初旬。

8月中旬。

11月中旬。

'天星' テンボシ Temboshi

【草丈】21.4cm
【葉長】28.4cm［6月下旬］
【葉】形態：変異無
［斑］≪通年≫ 黄色の星斑・ぼた斑

【花】形態：変異無　色：黄色
◆備考：秋の葉は春の葉より斑の数が少ない。普及品種。（写真は4.5号鉢）

6月初旬。　　6月下旬。

'芭蕉扇' バショウセン Bashosen

【草丈】15.6cm　【葉長】19.7cm［9月初旬］
【葉】形態：変異無
［斑］≪通年≫ 黄色の星斑・ぼた斑
【花】形態：変異無　色：黄色
◆備考：'奄美' は異名同品種と思われる。リュウキュウツワブキの形態を示す。秋の葉は春の葉より斑の数が少ない。普及品種。（写真は4号鉢）

7月中旬。

9月初旬。

11月初旬：大輪整形の花。

'金環' キンカン Kinkan

【草丈】19.3cm 　【葉長】25.7cm［5月下旬］
【葉】形態：変異無
［斑］≪春≫ 黄色の金環斑：後暗みしない非キメラ斑・季節性
【花】形態：変異無　色：黄色
◆備考：'金冠'と書かれることもある。覆輪が崩れて斑が中まで入り込むことがある。栽培環境によっては秋の葉にも斑を発現する。キメラ斑と異なり、同じ細胞で構成された非キメラの完全変異体である。普及品種。（写真は4.5号鉢）

5月中旬。

5月下旬。

5月下旬。

'七福' シチフク Shichifuku

【草丈】13.4cm 　【葉長】14.5cm［3月中旬］
【葉】形態：変異無
［斑］≪通年≫ 白黄色の掃込み斑・散り斑・脈斑：後暗みしない
【花】形態：変異無　色：黄色
◆備考：'乱扇'は異名同品種と思われる。キメラ斑と考えられる。リュキュウツワブキの形態を示す。普及品種。（写真は4号鉢）

3月中旬。

6月下旬。

11月中旬。

'開聞' カイモン Kaimon

【草丈】8.4cm 【葉長】9.2cm［5月中旬］
【葉】形態：変異無
［斑］≪春≫ 乳白色の覆輪斑・散り斑・網斑：後暗みする
【花】形態：変異無　色：黄色
◆備考：'白波'は異名同品種と思われる。夏から翌春までは青葉を展開する。季節性の非キメラ斑と考えられる。（写真は4号鉢）

5月中旬。

5月初旬。

5月初旬。

11月初旬。

'緑環' リョクカン Ryokukan

【草丈】12.1cm 【葉長】15.2cm［5月中旬］
【葉】形態：変異無
［斑］≪春≫ 乳白色の散り斑・脈斑：後暗みする非キメラ斑・季節性
【花】形態：変異無　色：黄色
◆備考：斑は鮮明に発現する。夏から翌春までは青葉を展開する。（写真は4号鉢）

5月初旬。

5月中旬。

11月中旬。

'黄金月'* コガネヅキ Koganezuki

【草丈】13.3.cm 　【葉長】15.8cm［6月初旬］
【葉】形態：変異無
［斑］≪春〜初夏≫ 乳白色〜白黄色〜黄色〜黄緑色の曙斑：後暗みする非キメラ斑・季節性
【花】形態：変異無　色：黄色
◆備考：夏から翌春までは青葉を展開する。
（写真は4号鉢）

6月初旬。

6月初旬。

8月下旬。

'五月雨'* サミダレ Samidare

【草丈】13.3.cm 　【葉長】15.8cm［10月中旬］
【葉】形態：変異無
［斑］≪通年≫ 乳白色の散り斑：後暗みしない非キメラ斑
【花】形態：変異無　色：薄黄色
◆備考：秋には斑が鮮明になる。整形花。
（写真は4号鉢）

9月下旬。

10月中旬。

11月初旬：薄黄色の整形花。

'小田錦' オダニシキ Oda-nishiki

【草丈】10.6cm
【葉長】13.8cm［6月下旬］
【葉】形態：変異無
［斑］≪春～初夏≫黄色
～黄緑色の掃込み斑・散
り斑：後暗みする
【花】形態：舌状花冠／
捩れた細弁　色：黄色
◆備考：陽に当てると斑
が鮮明になる。夏から翌
春までは青葉を展開す
る。季節性の非キメラ斑
と考えられる。
（写真は4号鉢）

6月中旬。

6月下旬。

'変化網' ヘンゲモウ Hengemo

【草丈】11.5cm
【葉長】14.5cm［6月中旬］
【葉】形態：変異無
［斑］≪春～初夏≫乳白
色～黄色～黄緑色の曙
斑：後暗みする非キメラ
斑・季節性
【花】形態：変異無
色：黄色
◆備考：夏から翌春まで
は青葉を展開する。小型
の品種。（写真は4号鉢）

6月初旬。

6月中旬。

'緑星' リョクセイ Ryokusei

【草丈】12.2cm
【葉長】15.3cm［6月初旬］
【葉】形態：変異無
［斑］≪春≫乳白色～黄色
～黄緑色の散り斑：後暗み
する非キメラ斑・季節性
【花】形態：変異無
色：黄色
◆備考：園芸的には黄色
の地に緑色の散り斑とさ
れるもの。夏から翌春ま
では青葉を展開する。
（写真は4号鉢）

5月中旬。

6月初旬。

散り斑の個体 A*

【草丈】12.6cm 　【葉長】15.5cm［5月下旬］
【葉】形態：変異無
［斑］≪春≫ 黄色～黄緑色の散り斑：後暗みする非キメラ斑・季節性

【花】形態：変異無　色：黄色
◆備考：葉柄は太く硬い。
夏から翌春までは青葉を展開する。
（写真は4号鉢）

5月中旬。

5月下旬。

散り斑の個体 B*

【草丈】13.1cm 　【葉長】16.8cm［5月下旬］
【葉】形態：変異無
［斑］≪春≫ 乳白色～黄色の掃込み斑・散り斑：後暗みする非キメラ斑・季節性

【花】形態：変異無　色：黄色
◆備考：多様な斑の色と模様を発現する。
夏から翌春までは青葉を展開する。
（写真は4号鉢）

5月中旬。

5月下旬。

散り斑の個体 C*

【草丈】17.4cm
【葉長】19.8cm［5月下旬］
【葉】形態：変異無
［斑］≪春≫ 白黄色〜黄色〜黄緑色の掃込み斑・散り斑：後暗みする
【花】形態：変異無　色：黄色
◆備考：夏から翌春までは青葉を展開する。季節性の非キメラ斑と考えられる。（写真は4号鉢）

5月下旬。

'琉王'　リュウオウ　Ryuo

【草丈】23.7cm
【葉長】28.3cm［11月初旬］
【葉】形態：変異無
［斑］≪通年≫ 黄色の散り斑：後暗みしない
【花】形態：変異無
色：黄色
◆備考：非キメラ斑と考えられる。リュウキュウツワブキの形態を示す。（写真は4号鉢）

6月初旬。　　　　　11月初旬。

'祇園'　ギオン　Gion

【草丈】12.5cm
【葉長】15.7cm［6月下旬］
【葉】形態：変異無
［斑］≪春≫ 乳白色の網斑：後暗みする非キメラ斑・季節性
【花】形態：変異無
色：黄色
◆備考：陽に当てるほど斑が鮮明に発現する。夏から翌春までは青葉を展開する。（写真は4号鉢）

6月下旬。

'白鳥' ハクチョウ Hakucho

【草丈】24.2cm　【葉長】29.1cm［6月初旬］
【葉】形態：変異無
［斑］≪主に春≫ 乳白色の曙斑：後暗みする非キメラ斑・季節性

【花】形態：変異無　色：黄色
◆備考：秋に斑が発現することがある。通常は夏から翌春までは青葉を展開する。
（写真は4号鉢）

6月初旬。

11月初旬：標準的な花。

'秋曙' アキアケボノ Akiakebono

【草丈】12.3cm　【葉長】14.7cm［10月中旬］
【葉】形態：変異無
［斑］≪秋≫ 乳白色の曙斑：後暗みする非キメラ斑・季節性

【花】形態：変異無　色：黄色
◆備考：秋に斑を発現する品種。春から初秋までは青葉を展開する。（写真は4号鉢）

10月中旬。

10月中旬。

'深雪錦' ミユキニシキ Miyuki-nishiki

【草丈】11.9cm　【葉長】15.2cm［11月中旬］
【葉】形態：変異無
［斑］≪通年≫ 乳白色の散り斑・曙斑：後暗みしない非キメラ斑
【花】形態：変異無　色：黄色
◆備考：秋から冬には葉身全体に斑が広がる。
（写真は4号鉢）

6月下旬。

8月初旬。

11月中旬。

'万寿' マンジュ Manju

【草丈】25.5cm　【葉長】33.4cm［10月中旬］
【葉】形態：変異無
【花】形態：千重咲き／花径53mm　色：黄色
◆備考：大型の品種。葉身は弱い波を示す。整形花。普及品種。（写真は4.5号鉢）

11月下旬：千重咲きの花。

11月下旬：千重咲きの花。

11月下旬：千重咲きの花。

11月下旬：千重咲きの花。

'八重麒麟' ヤエキリン Yaekirin

【草丈】25.7cm 　【葉長】31.1cm［10月中旬］
【葉】形態：変異無
【花】形態：唐子咲き／花径84mm　色：黄色
◆備考：青軸青葉。巨大輪整形花。
（写真は4.5号鉢）

11月初旬：唐子咲きの花。

11月初旬：唐子咲きの花。

11月初旬：唐子咲きの花。

'八重蛍' ヤエボタル Yae-botaru

【草丈】19.2cm 　【葉長】26.8cm［10月中旬］
【葉】形態：変異無
［斑］≪通年≫黄色の星斑
【花】形態：唐子咲き／花径55mm　色：黄色
◆備考：春以外は斑の数が少ない。
整形花。（写真は4.5号鉢）

10月中旬。

11月初旬：唐子咲きの花。

11月初旬：唐子咲きの花。

11月初旬：唐子咲きの花。

'千寿' センジュ Senju

【草丈】20.8cm 　【葉長】26.3cm［10月中旬］
【葉】形態：変異無
【花】形態：唐子咲き／花径64mm（帯化していない花） 色：黄色

◆備考：舌状花冠の色はやや濃い。地植えにすると花柄・頂花ともに帯化しやすい。整形花。
（写真は4.5号鉢）

10月下旬：帯化していない唐子咲きの花。

10月下旬：帯化した唐子咲きの花（頂花）。

10月下旬：帯化していない唐子咲きの花。

10月下旬：帯化した唐子咲きの花（頂花）。

10月下旬：帯化していない唐子咲きの花。

10月下旬：帯化した唐子咲きの花（頂花）。

'淡翠'* タンスイ Tansui

【草丈】8.4cm 【葉長】10.4cm［6月初旬］
【葉】形態：変異無
【花】形態：丁字咲き／花径48mm 色：黄色
◆備考：葉が淡緑色の小型の品種。花は丁字咲きと唐子咲きとの中間的な形態を示す。整形花。
（写真は4号鉢）

10月下旬：丁字咲きと唐子咲きとの中間的な形態の花。

6月初旬。

10月下旬：丁字咲きと唐子咲きとの中間的な形態の花。

'波千鳥'** ナミチドリ Namichidori

【草丈】18.7cm 【葉長】26.4cm［10月初旬］
【葉】形態：変異無
【花】形態：千鳥咲き／花径62mm 色：舌状花冠／黄色 筒状花／赤茶色
◆備考：和歌山県日高郡由良町産。各々の舌状花冠の長さが不定で、花ごとに形が異なる。
（写真は4.5号鉢）

11月初旬：千鳥咲きの花。

11月初旬：千鳥咲きの花。

11月初旬：千鳥咲きの花。

11月初旬：千鳥咲きの花。

'雪洞'** ボンボリ Bambori

【草丈】16.2cm 【葉長】20.8cm［10月中旬］
【葉】形態：変異無
【花】形態：茶筅咲き／花径18mm 色：黄色
◆備考：大阪府泉南郡岬町産。葉身は弱い波を示す。稀に舌状花を形成する。（写真は4.5号鉢）

11月初旬：茶筅咲きの花。

11月初旬：茶筅咲きの花。

11月初旬：茶筅咲きの花。

'和泉山吹'* イズミヤマブキ Izumi-yamabuki

【草丈】16.8cm 【葉長】25.8cm［10月中旬］
【葉】形態：変異無
【花】形態：変異無／花径56mm 色：橙色
◆備考：葉身は丸く、葉縁はやや裏巻き。開花後は葉の傷みが著しいが、翌春には回復してその後順調に生育する。整形花。（写真は4.5号鉢）

10月下旬。

10月下旬。

10月下旬。

'星海'** セイカイ Seikai

【草丈】26.7cm 【葉長】38.8cm［11月中旬］
【葉】形態：変異無
【花】形態：星咲き／花径41mm 色：黄色
◆備考：鹿児島県大島郡徳之島町産。花柄は極めて太い。地植えすると草丈が80cm以上になる。整形花。（写真は5号鉢）

1月下旬：星咲きの花。

1月下旬：星咲きの花。

1月下旬：星咲きの花。

1月下旬：星咲きの花。

1月下旬：星咲きの花。

橙色花の個体

【草丈】15.8cm 【葉長】20.1cm［10月中旬］
【葉】形態：変異無
【花】形態：変異無／花径51mm 色：橙色
◆備考：鹿児島県奄美市産、情報の入手先：久志博信氏（千葉県富里市）。現存する品種の中で最も濃い色といわれている。整形花。（写真は4.5号鉢）

11月中旬。

11月中旬。

11月中旬。

11月中旬。

11月中旬。

'岬山吹'** ミサキヤマブキ Misaki-yamabuki

【草丈】21.6cm 　【葉長】25.3cm［10月中旬］
【葉】形態：変異無
【花】形態：変異無／花径68mm　色：茶色を帯びた薄い橙色

◆備考：大阪府泉南郡岬町産。花の数は少なく、10輪以下である。類似した花色の個体は無いと思われる。巨大輪花。（写真は4号鉢）

11月初旬。

11月初旬。

'白馬' ハクバ Hakuba

【草丈】20.6cm 　【葉長】26.6cm［10月中旬］
【葉】形態：変異無
【花】形態：変異無／花径60mm　色：黄白色
◆備考：花柄・小花柄は長く伸びる。整形花。（写真は4.5号鉢）

11月初旬。

11月初旬。

11月初旬。

'白涛' シラナミ Shiranami

【草丈】19.8cm 【葉長】24.5cm［10月中旬］
【葉】形態：変異無
【花】形態：変異無／花径68mm 色：黄白色
◆備考：舌状花冠はやや細弁で、先端部がやや表巻きになる。花柄は長く伸びる。大輪花。
（写真は4.5号鉢）

11月初旬。

11月初旬。

11月初旬。

11月初旬。

'大社白' タイシャシロ Taisha-shiro

【草丈】18.6cm 【葉長】23.5cm［10月中旬］
【葉】形態：変異無
【花】形態：変異無／花径64mm 色：黄白色
◆備考：'白兎'は異名同品種。白花として流通しているものはほぼ本品種である。花が全開すると外巻きになる傾向がある。半開から全開直前までが鑑賞期間と思われる。整形花。普及品種。
（写真は4.5号鉢）

11月中旬。

11月中旬。

11月中旬。

11月中旬。

Column ─────────────────────────────── 11

ツワブキの星斑あれこれ

発現の安定性 ツワブキの生産をしている方から、「長い間星斑の品種を栽培していると斑が出にくくなった。」との相談を受けた。聞けば、当初は増殖用の親株を確保するために無差別に集め、それらをもとに更に株分けして殖やし、市場に出荷しているとのことであった。

筆者は星斑の数が極めて少ない八重咲きの品種を栽培している。斑の数が増えれば、また面積が大きくなればなお素晴らしいことと様々な栽培方法を試みたが、期待外れに終わった。一方斑がよく発現する個体は、特別な工夫などしなくても毎年同じように斑が現れた。星斑の発現パターンは良くも悪くも安定しているのである。星斑の発現期、数・大きさは、個体がもつ形質によるもので、栽培方法によって左右されないことが分かった。

前述の「斑が出にくくなった。」原因は、発現しやすい個体から先に出荷した結果、発現しにくい個体が残り、それらを株分けして更に殖やしたという悪循環にあった。

星斑の品種には、春には現れても、夏から秋にかけては少なくなったり消えたりするものが少なくない。

ポテンシャル 星斑以外の斑入りの個体を交配親にした次世代は、たとえ遺伝しても斑の模様は予測の範囲内にある。ところが星斑の個体を交配すると、星の数が増えたり大きくなったりと、思わぬ変化が見られる。'天照'(P120)・'黄炎'(P150)がその例で、星斑とは思えない模様になった。星斑のポテンシャルは高い。

形態芸品種との交配 星斑は核遺伝するので、青葉の個体と星斑の個体のどちらを子房親・花粉親にした交配でも、確率は異なるものの次世代に遺伝する。

星斑の形態芸品種を作出しようと、形態芸品種と星斑の並葉の個体との正逆交配を試みたところ、次世代の形態によって斑が発現する確率に一定の傾向がみられた。

相対的に、角芸・石化芸品種には星斑が発現する確率が高かった。一方、獅子芸品種では星斑の発現は少なく、たとえ発現しても本芸時には数が少なく面積が小さくなる個体が多かった。そのような中で作出できたのが'蛍凛'(P117)で、通年に渡って星斑を発現するという稀有な存在である。

枝分れ芸品種も獅子芸品種ほどではないが星斑が発現しにくい。

ウイルス説 書物などで星斑の発現の原因について調べてみると、多くはウイルス病への感染によるものとされている。インターネットで検索しても同様のことが書かれている。しかし斑の模様をみると、一般的に知られているモザイク病の外見とは違う。論文を探してみたが、筆者が調べた範囲内では見付からなかった。

ならばと、

＊青葉の株の葉柄を切断し、星斑の葉を接ぎ木状態にして、汁液感染の有無を観察した。10株余りを試したが、結果は1株も星斑が発現しなかった。

＊星斑の個体と青葉の個体との正逆交配を行った。結果はどちらを子房親にした苗にも星斑が遺伝した。

少し前までは、ウイルスは種子伝染しないとするのが通説であったので、この実験から星斑のウイルス説は否定できた。しかし近年は種子伝染性ウイルス病が報告されているため、ウイルス病の可能性を完全に否定できなくなった。現在は種子と実生苗を検査する準備を進めており、結果が分かれば何処かで報告したい。

何れにせよ現状では、星斑がウイルス病に起因するという根拠はない。　　（奥野　哉）

Chapter 4
ツワブキの栽培管理

栽培管理

　ツワブキは早春から初夏と晩夏から晩秋にかけて年に2回新葉を展開し、秋に花を咲かせる草本である。栽培は容易で、大雑把な栽培をしても枯れることは殆どない。

　しかし形態芸品種の栽培では、単に維持するだけではなく、本芸を発現させることが目的となる。ところが現状は、このような観点からみた栽培方法はまだ広く認識されていないばかりか、幾つかの誤解すらある。

　以下では主に形態芸品種の栽培管理について解説する。斑入り品種の栽培管理も形態芸品種に準ずるが、特に留意すべき点は記す。

■自生地の環境

　どのような植物でも栽培のヒントは自生地にあるので、まずは生育環境について述べる。

　ツワブキは主に海岸付近の林縁や岩の隙間、道沿いなどに自生している。周辺を観察すると例外はあるものの以下のような共通点がある。
＊1日に数時間陽が射している。
＊傾斜地で地中の水が停滞することはない。
＊土壌は腐植質に富んでいる。
＊葉が揺れ動く程度の風が吹いている。

　栽培に当たっては、これらの環境特性を理解したうえで臨むことが必要である。

林縁での自生。

岩の隙間での自生。

道沿いでの自生。

■苗の導入

　栽培管理の解説に先立って、苗の導入に際する注意点にふれておく。本物の品種を選ぶことが重要である。当然のことであるが、ここでつまずく方が意外に多い。過去には、'達磨獅子'や'布袋'を栽培しても何時まで経っても達磨性石化芸が発現しない、という事例が少なからずあった。これらの品種は適切に栽培すれば春には必ず芸を現すものである。実はこの原因は偽物を入手したことにあった。近年では'鏡獅子'も葉身が漏斗状にならないものが広く流通している。このため導入に当たっては、確かなものであることを確認したうえで購入などすることが不可欠である。

　また成株と小苗は全く異なる形態になることが多い。'紀州獅子'と'夢幻'の写真をみてみると、株元に小さな芽がみえる。仮にこれらの芽を株分けして小苗だけをみるとすれば、品種名がお分かりになるだろうか。このように形態芸品種は余程経験を積んでいても小苗となると同定するのは難しい。導入に際しては本芸が現れている成株を求めることが最善であろう。やむを得ず小苗を導入する場合は信頼のおける販売店や愛好家などから入手するようにしたい。

　斑入り品種おいても注意が必要な場合がある。下の写真は、春から晩夏までは青葉を展開する個体である。9月中旬を過ぎた頃から展開する葉に斑が出始め、11月初旬なると斑入り葉が出揃った。その後、解説のために青葉を取り除いた。

　曙斑の品種にはこのような斑の時間変化がみられる。これらの品種は青葉が出ている期間中に力を蓄えるため、一時期に全葉が斑入りになっても枯れることはない。そして多くの場合、3枚目の写真のような青葉を取り除き斑入り葉だけを残した株が販売されている。経験のある方はそれを心得ているものだが、中には、いつでも斑が入っていると思い込んで、後暗みしたときに落胆する方もおられるようだ。またキメラ斑の個体では、全葉に白い斑が入ってしまうと、光合成ができないのでいずれそのうちに枯死してしまう。つまり一年中全葉が白いものなど存在し得ないのである。以上のことから斑入り品種の導入においては、斑の時間変化などについてよく確認し、納得のうえで購入などされるようお勧めする。もっとも、販売者が事前に詳しい情報を明示すれば何ら問題は起こらないのだが。

'紀州獅子'の小さな芽。

'夢幻'の小さな芽。

9月中旬：新葉に斑が入り始めた。

11月初旬：斑入り葉が出揃った。

青葉を取り除いた。

■適切な栽培管理の必要性

　本物を導入しても管理が不適切であると本芸が発現しない。

　空気が動きにくい陰で栽培した'龍泉の舞'は総じて葉に厚みがなくなっている。地植えした'青龍角'は葉長が40cm以上にもなっている。このように、本物であっても栽培環境によっては品種が判別できないような姿になってしまう。形態芸を発現させるためには適切な管理を行うことが重要である。

■時期による形態変化

　形態芸品種には、獅子芸品種のように春の葉と秋の葉の形態がさほど変わらないものもあれば、昇龍芸・角芸品種のように春の葉が並葉でも秋の葉は著しく変化するものもある。形態芸品種の栽培においては、このような時期に応じた形態変化の有無を、各々の品種ごとに把握する必要がある。近年は、何代にも渡る交配が繰り返された結果、春の葉は獅子芸で秋の葉は子宝芸といった複雑な形質をもつ個体も誕生している。写真は同一の個体で、春には枝分れ芸を、秋には枝分れ芸に加えて石化芸を発現させる品種'美吉野'である。

'美吉野'。春：枝分れ芸が現れている。

陰で栽培された'龍泉の舞'。

地植えされた'青龍角'。

'美吉野'。秋：枝分れ芸と石化芸が現れている。

以下では、冬期に鉢土が頻繁に凍結しない地域での栽培管理を例にして解説する。

■植え替え前の処理と株分け

ツワブキは根の伸長が旺盛な植物である。植え替えを怠ると用土の物理性・化学性の悪化や根詰まり・根腐れを招くため、毎年植え替えるようにする。株を維持・増殖するという観点からは、時期は3月初旬〜5月下旬または9月中旬〜10月下旬が適期で、栽培に慣れれば真夏と真冬を除いて何時でも可能である。鑑賞を目的とする場合は、秋芸の品種は春に、春芸の品種は秋に行うと、植え傷みしても鑑賞期までには回復する。例外として、根が詰まり用土が締まって水が浸み込みにくい状態であれば、時期を問わず植え替える。

まず鉢から抜いた根鉢を棒などで突いて古土を取り除く。芽が増えていれば同時に株分けし、根を1/2〜1/3程度残すように詰める。芽には根茎が1〜2個付いていれば十分である。株分けに際しては、ウイルスなどの感染を防ぐために、刃物を使わず出来る限り手で根茎を折り分けるようにしたい。また併せて葉数も半分以下になるように下方に付いている葉から取り除く。これらの作業は思い切って行うようにする。全ての葉を付けたままにすると根と葉のバランスが崩れて、植え付け後に灌水しても葉が萎びたままの状態が続く。大胆に根を詰め、葉を取り除くのは乱暴なようだが、こうすれば植え傷みからの回復が早い。また葉をハサミで切って葉面積を縮めることも非常に効果的である。ただし刃に付着した汁液によってウイルス感染する危険を伴うので、後述するウイルス対策を徹底する必要がある。

なお秋が深まってから小割りをすると、調子を崩して枯死に至ることがある。また昇龍芸などの著しい形態芸品種は、秋に本芸を発現している芽だけを外して独立させると衰弱、枯死することがある。これを知らない方が多いようであるが、導入に際してはこのような点にも留意されたい。

1 鉢から根鉢を抜く

2 古土を取り除く。

3 株を分ける。

4 根を詰める。

5 下方にある葉から取り除く。

6 葉を切って葉面積を縮める。

■用土

赤玉土、鹿沼土、日向土（ボラ土）など、一般的に利用されている用土であれば何でも良いが、いずれを使用する場合でも保水性と通気性を確保することが必要である。赤玉土や鹿沼土といった潰れやすい用土は、多少高価でも硬質のものを使うようにしたい。硬質の用土は粒が崩れにくいため、より長く良好な通気性を維持してくれる。

例として筆者が使っている用土の配合比率を示す。用土はフルイで微塵を除いている。

底土（鉢土量の約10％）：上記の何れかの用土の大粒
中間層の土（鉢土量の約60％）：赤玉土中粒1：赤玉土小粒1：鹿沼土中粒1：日向土小粒1
表層の土（鉢土量の約30％）：赤玉土小粒1：鹿沼土小粒1：日向土小粒1

この配合は1年のうちで最も乾きが著しい盛夏において、朝に灌水をした場合、夕方は中間層の土には湿りがあるが、表層の土は乾いているという状態を設定したものである。

100人の栽培者がいれば100通りの栽培環境があるので、同じ用土で植え込んでも置き場によって乾くまでの時間は異なるはず。乾燥が著しい場合は、赤玉土の割合を増やしたり用土の粒を細かくするなどし、逆に灌水後2日以上も乾かない場合や表土に苔が生えるようなら、日向土の割合を増やしたり用土の粒を大きくするといった工夫が必要である。愛好家の中には上記の土を単用している方や腐葉土を混ぜる方もあるが、何れも上作されていることを付記しておく。結局のところ、用土の種類や配合比率は、ご自分の栽培棚の環境に合わせて設定すればよいのである。

市販されている用土は、例えば「中粒」などと同じ表示であってもメーカーによって粒の大きさが異なるので、実際に見て確認されたい。

■植え付け

鉢の大きさは、栽培環境や好みに応じて選べばよいが、大きい鉢は乾きが遅いので小さめの鉢をお勧めする。通常は、大型の品種には5～6号、中型の品種には4～4.5号、小型の品種には3～3.5号程度が適当と思われる。

以下に筆者の植え付け方法と手順を示す。
① 底土を敷く。
② 肥料や殺センチュウ剤が鉢底からこぼれ落ちないように中間層の土を薄く敷く。
③ 中～大粒の肥料と殺センチュウ剤を撒く。
④ 準備した苗を鉢の中に据えて、揺するなどしながら中間層の土を入れる。
⑤ 再び、小粒の肥料と殺センチュウ剤を撒く。
⑥ 根茎が埋まる程度に表層の土を入れ、表面を

1

底土を敷く。

5
小粒の肥料と殺センチュウ剤を撒く。

2
中間層の土を薄く敷く。

6
表層の土を入れ、表面を整える。

3

中～大粒の肥料と殺センチュウ剤を撒く。

7
ミジンが流出しきるまで灌水する。

4

苗を鉢の中に据えて、中間層の土を入れる。

8
植え付け完了。

整える。

⑦鉢底からミジンが流出しきるまで灌水する。

この方法と手順もまた一例で、肥料を底だけに入れる方がいれば表面に置く方があり、殺センチュウ剤も根に塗す方がいれば用土と混合する方があるというように、方法は1つではない。

上記⑦に替えて鉢をドブ漬けにするという方法が知られているが、同じ容器・水で連続して行うと、ウイルスやセンチュウの感染を招く恐れがあるので止めるべきである。

植え付け後は葉が萎れることが多い。しばらくは明るい日陰で管理し、灌水後直ぐに葉が立ち上がるようになれば通常の栽培に戻す。根が少ない株は日陰に置く期間を長くする。

表土に苔が生えると、鉢内の通気性が悪くなり過湿になりやすい。応急処置として苔と表土を1cm余り取り除き、新しい用土と交換すれば、かなり改善される。

苔が生えた表土。

■肥料

ツワブキは栽培ギク（家ギク）と同様に肥料食いである。植え付け時に元肥として固形肥料を施し、肥効が切れれば液肥などで補っていくのが一般的である。窒素分の比率が高い肥料を施用すると、葉が必要以上に大きくなったり病気に罹りやすくなったりするので、窒素・リン酸・カリウムが等量近く含まれているものを与える。最近はカルシウム・マグネシウム・硫黄といった中量要素、鉄・マンガン・ホウ素などの微量要素を配合したものや有機質肥料も入手できるようになって、選択肢が広がった。

なお斑入り品種は従来から肥料を控えて栽培すべしとされてきたが、むしろ肥料を与える方が斑を維持しやすい（P218参照）。

葉焼けした株。

遮光ネットを張った栽培棚。

■日照

日照条件は特に重要なポイントである。

ツワブキは陰でも育つ。しかし陰での栽培が良いわけではない。日照不足になると葉が徒長して軟弱になり、花が咲きにくくなるだけでなく、形態芸が弱くなる。一方、適度な陽に当てると良好な生育がみられ、締まった姿になるとともに、形態芸が顕著になるので、葉が焼けない程度にできる限り日照を確保するのがよい。

具体的には、午前中又は午後に4～5時間直射光を当てる。終日陽が当たるような環境では、冬期を除いて例えば30～50％の遮光をするといった工夫をする。また6月中旬～9月中旬頃までは光が強いので、この期間だけ遮光ネットを張るなどして葉焼けを防ぐこともある。なお日陰で栽培されていた株を導入した場合には、いきなり陽に当てず徐々に慣らすことが必要である。

斑入り品種は斑が白色になるほど葉焼けしやすいことを考慮し、青葉の品種より光量を少なくして管理する。

■灌水

重要なポイントの1つである。

鉢土は乾湿のメリハリをつけること、すなわち表

陽に当たって萎れた葉。

土が乾くまで灌水を控え、乾いてからたっぷり与えるようにする。梅雨明けから初秋にかけては陽に当たると直ぐに葉が萎れる。特に盛夏の日中は枯れるかと思えるほどに葉が垂れ下がる。始めて経験する方はこれには戸惑われるようである。この現象はたとえ底面灌水によって鉢内に十分な水を供給しても起こることで、ツワブキの特性である。しかし夕方にたっぷり灌水すると1時間も経たないうちしっかり立ち上がるので心配には及ばない。筆者の場合、4〜9月は夕方に、10月〜翌年3月は朝方に灌水している。ただしこれは原則で、真夏は朝夕共に灌水するなど状況によって臨機応変に対応している。

秋から翌春にかけては、乾きが遅いので過湿にならないよう注意されたい。通常は春から初秋に比べて灌水の間隔を長くとる。

■風通し

これもまた重要なポイントの1つである。

風通しの良い環境作りに努める。風通しが良ければ、葉が硬くなり立ち上がるだけでなく、病気の発生も少なくなる。

石化芸品種は葉柄基部が窪んでいて、灌水すると水が溜まりやすい。このような品種を空気が動かないハウス内で栽培すると、水が停滞して葉の腐敗を招きかねない。このためかつては、灌水後に葉に残った水を拭き取るという苦労話もあったようだ。しかしそのようなことをしなくとも、風に当てて乾かすことで対処できる。ハウス栽培では、出来る限り風を通すように工夫することが必要である。

■雨避け

雨を遮った環境は理想的で、軒下なども適している。雨が掛からなければ灌水から次の灌水まで鉢に水が入ることはないので、用土の乾湿を調節し易く、根腐れを防ぐことができる。更に病気の感染も少なくなり、葉を美しく保つこともできる。雨を遮ることによる不都合はない。

それでは雨避け無しでは栽培できないのだろうか。筆者の場合は、殆どの鉢を雨ざらしの露天に置いているが病気はほぼ発生していない。'竜神'（P152）、'水煙'（P156）程度の品種であれば問題なく栽培できている。ただし露天での鉢栽培でも、前述したハウス栽培と同様に風通しを良くすることが必要である。

■温度

ツワブキは暖温帯〜亜熱帯に生育する植物である。紀伊半島南部・四国太平洋側・九州以南などでは内陸部まで分布がみられるが、北限に近づくにつれて土壌が凍結しにくい海岸沿いにしか生えていない。鉢栽培でも同様で、暑さには強いが寒さには弱い。そこで耐寒性を調べてみると、年に数回程度の鉢土の凍結では、葉は傷むものの枯死には至らないことが分かった。このことから、山間部を除き、北は関東の太平洋側までは露天でも凍結対策の必要がないと考えられる。とはいえ年によっては冬の寒さが厳しいこともあるので、対策を施すに越したことはない。

地植えの場合は、鉢より地温が安定しているせいか、雪に埋もれたり表土が凍結したりしても枯死することは殆んどない。

■病虫害の対策

他の園芸植物に比べて害虫や病気による被害は少ないものの、栽培環境によっては様々な病虫害が発生するので、日々の観察が必要である。

所変われば病虫害変わる。筆者は30年余りツワブキを栽培しているが、その間、近くに一度引っ越したことがある。当初住んでいた場所はビルやマンションが立ち並ぶ繁華な環境であった。その頃は、時々コナガを見付けることがあったが、病気は発生しなかったので、殺菌は不要な植物と思っていた。後に冬に引っ越した先は、周辺に緑化帯があり、家の庭にも数本の落葉樹があった。そして春になり夏が近づくにつれ、様々な虫が発生し、

斑葉病も蔓延した。虫は周辺から飛来し、病気は鉢に落ちた枯葉から感染したと思われる。その後は殺虫・殺菌を計画的に行うことで事なきを得た。ほんの1km程度離れた場所への移動であっても、環境が変われば病虫害の発生状況が異なるという貴重な体験ができた。

害虫や病気に対しては発生前の予防や被害拡大前の対処が重要で、殺虫・殺菌は定期的に行いたい。薬剤には乳剤、液剤、水和剤などの水で薄めて散布する剤型と粉剤、粒剤などの土に置いたり混ぜたりする剤型あるので、状況に応じて使い分ける。

よくみられる害虫はアブラムシ、ヨトウムシ、アオムシ、コナガ、テッポウムシ、シンクイムシ、ケムシ、ハモグリバエ（エカキムシ）、ハダニなどで、病気は斑葉病、褐斑病、黒斑病、黒星病、ウドンコ病、白絹病などがある。

中でもカミキリムシの幼虫であるテッポウムシによる食害は致命傷になることがある。テッポウムシには多くの種類があり、ツワブキでは成虫の体長が7～8mmのキクスイカミキリの被害が多い。主に春から初夏にかけて葉柄に産卵し、孵化した幼虫は葉柄の中を食い進んで、やがて根茎内部の組織を食害する。被害にあった株は萎れて倒れ、株元にはオガクズ状の糞がみられる。発生期に殺虫剤を散布することで対応するが、何時何処から飛来するのか予測できず、防除は難しい。もし根茎の表面に虫食い穴がみつかったら殺虫剤を注入してみよう。助かることもある。また複数の芽が付いている株では、被害のない芽が残っている場合がある。食害がみられない芽があれば外して植え替えるとよい。

またシンクイムシと呼ばれるメイガ類にも注意を要する。筆者の栽培棚では、成虫の体長が7～10mmのハイマダラノメイガ（ダイコンシンクイムシ）による被害が多い。孵化した幼虫が生長点に食入すれば芯止まりの症状になり、被害が幼苗に及ぶと枯死に至ることもある。浸透移行性殺虫剤の散布が効果的である。

ハダニは薬剤耐性を獲得しやすいため使用回数・ローテーションに注意が必要である。

筆者の場合は、3月中旬～10月中旬までは殺虫剤と殺菌剤の混合液を月に1回、5月初旬～9月下旬までは殺ダニ剤を30～40日間隔を目安に適時散布している。

開花期には蕾や花にアブラムシが発生しやすい。発見しても直ぐに薬剤を調整できないこともあるので、応急用としてスプレー剤やエアゾール剤を常備している。

最近はウイルス罹病株をみかけることが多くなった。アブラムシ、アザミウマ・コナジラミ・センチュウなどの媒介による感染や刃物の使用による汁液感染が原因と考えられる。植物がウイルス病に感染すると、葉に濃淡のモザイク状の模様が現れたり萎縮したりする。ツワブキの場合は、新しい葉に模様がみられる程度で、萎縮することは稀である。その後は葉の緑色が濃くなるに従い模様が確認できなくなるので、新葉を注意深く観察するようにしたい。ウイルス病に効く薬剤は現状ではなく、一度罹ると治癒させることができないので処分するしかない。因みに、星斑はウイルス由来ではないと考えられる。

なお栽培ギクではウイロイドによるキク矮化病が報告されている。ツワブキに感染するか否かは不明であるが、キク科のダリアやマーガレットでは高頻度で感染株が検出されているので、注意するに越したことはない。

根にセンチュウ（ネマトーダ）が感染している株もよくみかける。感染部をコブのように肥大させるネコブセンチュウと、

テッポウムシによる食害。

キクスイカミキリ。

ハイマダラノメイガ。

ウイルス罹病によってモザイク模様が現れた葉。

組織を移動して腐れ症状を引き起こすネグサレセンチュウが代表的なものである。

　ウイルスやセンチュウは感染しても直ぐに枯死することはないが、周囲の鉢に伝播するという点ではむしろ質の悪いものである。従って感染後ではなく感染防止を目的とした対応が重要である。

　以下に筆者が行っているウイルス病とセンチュウ対策を列記する。

◎植え替えで根鉢をほぐす際に、同じ用具を使い回しすると感染する可能性が高い。多量に袋詰めされた廉価な箸を用意し、1膳を2本に裂いて、各々を更に折って2本にすると、1膳で計4本できる。この1本で1鉢分の根をほぐす。一度使った箸は再使用せず廃棄している。

◎株を分ける際には根茎を手で割っている。刃物を使う必要がある場合には、刃先を第三リン酸ナトリウム（第三リン酸ソーダ）の飽和溶液に10分間以上浸す。この溶液は強アルカリ性で植物に触れると害になるので、使用前には必ず水洗することが必要である。使用後は水洗して汚れを落とし、再び溶液に浸す。無処理の刃物を連続して使うのは、無病株にウイルスを感染させているようなものである。火炎滅菌でも対処できるが、刃の切れ味が徐々に悪くなる。

ウイロイドに対しては第三リン酸ナトリウム溶液では効果が無く、塩素濃度5％以上の次亜塩素酸ナトリウム溶液（アンチホルミン）で2分間以上の浸漬消毒が有効とされている。

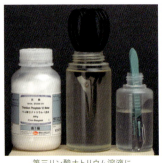
第三リン酸ナトリウム溶液に浸したハサミとメス。

◎古くなった葉や開花後の花柄を取り除く場合には、汁液が手に付かないように注意しながら手で引き抜いたり折ったりしている。やむなく刃物を使う場合は、上記と同様にしている。

◎植え付け時には、たとえセンチュウの感染がみられなくても、予防のために鉢底と表土直下に殺センチュウ剤を入れている。センチュウが感染した株には、それに加えて根にも塗している。霧吹きで根を湿らせてから粒剤を撒けば簡単に塗ることができる。この方法によって1〜2年で駆除できている。

◎鉢を再使用する場合には消毒している。
◎古土は再利用しない。
◎こぼれ水のかかる棚下には鉢を置かない。
◎地面やコンクリートに直に鉢を置かない。

　筆者はツワブキの保存、普及を目的としているので以上のような管理をしている。しかしツワブキを消費物ととらえるならば、ここまで厳格な管理は不要かもしれない。目的に応じて対応されればよいであろう。

■葉の除去

　秋芸の品種には葉の除去が必要なものがある。秋に著しい昇龍芸・角芸などを発現する品種であっても、春から夏にかけては標準的な形の葉を出すことが多い。この期間は形態芸がみられないので粗末に扱いがちである。しかしこれらの葉が作りだす力が秋の芸の善し悪しを決定するので、本芸に至るまでの栽培は手を抜いてはならない。春から夏にかけての栽培が不適切であると、秋にいくら手を掛けても時既に遅く芸が弱くなる。秋は見守ることしかできないのである。

　そして栽培が適切であればあるほど、秋になっても晩春から夏の間に出た葉は

古い葉を取り除く前の状態。

古い葉を取り除いた後の状態。

古い葉を取り除く前の状態。

古い葉を取り除いた後の状態。

枯れることはない。ところが株元を覗いてみると新芽が動き始めている。そのまま放置すれば、新しい葉は古い葉の陰になり徒長してしまうので、古い葉を取り除いて本芸の葉に光を当てる必要がある。葉の状態でいうと、古い葉が倒れ始める頃、枯れ始める頃であるが、筆者はたとえそうならなくても8月下旬～9月中旬には、新芽に当たる光を遮る古い葉を強制的に取り除くようしている。当初は勇気が必要だが、案外丈夫なもので心配は無用である。取り除いた後に残った新葉は黄緑色で暫くはみすぼらしいが、本芸の葉といえども光合成は行うので、その後は順調に生育する。回復を急がれる場合は、液肥を葉面散布すると直ぐに葉色が濃くなる。

葉は土面と平行に引っ張るように外す。簡単に葉が外れることもあれば強く引っ張っても外れないこともあって、こういった形質にも品種間差がある。外れない場合は葉柄を折り取る。残った葉柄は2週間もすれば枯れて簡単に引き抜ける。

春芸の石化芸品種は、3月中旬～4月初旬に同様の作業を行う。

また年間を通して枯れた葉は早めに除去する。

■栽培診断

夏期の生育状態は、適正な栽培が行われているか否かを知るバロメーターになる。ツワブキは夏には弱るものと信じ込まれている方が多い。筆者も栽培を始めた頃は、病気でもないのに夏には作落ちさせていた。しかし夏期は1年のうちで葉の大きさ・数とも最も充実するはずで、生育不良が認められれば何か問題があると考えてよい。

そこで生育が思わしくない株の根鉢を崩してみると、大抵は根が腐って褐変し、白い根が少し残っているだけという状態である。原因は植替えを怠ったことによる根詰まりか、肥料不足と考えられる。このような場合は、褐変した根を取り除き新鮮な根だけを残して植え付けると、再び良好な生育がみられる。ツワブキは毎年の植替えを怠らず適切な管理を行えば作落ちすることがない植物である。なお夏期の栽培につまずいても、秋の芸が弱くなるだけで枯死することはない。

植替えを怠って根詰まりした株。

■耐病性・耐寒性の品種間差

＊冷涼地で、冬期に湿度が高く風も動かないハウス内などの環境では、'鏡獅子'（P126）が真っ先にウドンコ病に罹る。

＊'雫獅子'（P126）などの幾つか品種は低温障害を受けやすい。

＊同じ日照下で栽培しても、葉焼けする品種としない品種がある。

以上の例のように、環境ストレスなどに対する耐性は品種間差がある。

適正な栽培の下での夏期の生育状況。

■要点の整理

＊植え替えは毎年行う。
＊生育不良であれば早期に植え替える。
＊植え替え時には根を詰め、葉の数も少なくする。
＊株分けに際しては刃物を使わず手で根茎を折り分ける。
＊肥培に努める。
＊葉が焼けない程度に出来る限り日照時間を長くする。
＊鉢土は乾湿のメリハリをつけ、表土が乾いてからたっぷり灌水する。
＊風通しの良い環境を作る。
＊気候により凍結対策を施す。
＊殺虫・殺菌は定期的に行う。
＊特にテッポウムシ、シンクイムシの発生に注意を払う。
＊ウイルスとセンチュウの感染予防に努める。
＊秋に本芸となる石化芸品種は晩夏～初秋に古い葉を取り除く。
＊春に本芸となる石化芸品種は早春に古い葉を取り除く。
＊枯れた葉は早めに取り除く。

Column 12

斑抜けの対処

　多くの被子植物の茎頂分裂組織は、表層側からL1・L2・L3と呼ばれる3層構造からなっていて、それぞれの細胞群が独立して維持されている。異なる遺伝情報をもつ細胞群が、組織層を形成して重なる状態が周縁キメラ、縞状に分布する状態が区分キメラといわれる。

　キメラ斑を発現する植物の茎頂組織では、葉緑体を生産する細胞群と生産しない細胞群が共に形成されて斑が維持されるが、何らかの要因で片方の細胞群だけが増殖することがある。緑色の細胞だけになれば青葉になり、アルビノの細胞だけになればゆうぶ斑（幽霊斑）になる。

　覆輪斑・中斑などの周縁キメラ斑や掃込み斑・縞斑などの区分キメラ斑の個体は、斑がない青葉の新芽を出すことがある。いわゆる「斑抜け」といわれる現象で、斑が抜けやすい個体もあれば、抜けることがほとんどない個体もある。

　「斑抜け」は日照の強弱・培養土の乾湿・施肥量などに起因するとされている。特に肥料が多いと斑が抜けやすいといわれているが、筆者等の経験ではそれとは逆で、肥培管理を怠った場合に青葉が出ることが多かった。これは、斑入りの個体は緑色部の面積が少ないため、肥料が不足すると、光合成を行う部分を拡大させようとする自己防衛作用が働いたものと考えられる。

　'竜虎'（P93）は「斑抜け」がよく起こる品種で、青葉が出なければ'竜虎'ではないといわれるほどである。成株から増えた新芽の1枚目と2枚目の両方が青葉であれば、その芽はキメラではなくなった（非キメラになった）と考えてよい。少しでも斑が入っていれば面積に関係なくキメラは維持されている。一旦斑が抜けた青葉の芽には2度と斑が出ることはなく、その芽から増殖した芽にも斑が発現しない。

　また青葉の芽は斑入りの芽より強勢であるため、斑入りの芽は衰弱して枯死し、遂には青葉の芽だけになってしまう。

　著者は、青葉が出たときには次のように対処している。

①青葉の新芽が生育しないよう、出てくる青葉は即座に全て摘み取り、植え替え時にその芽を外す。
②根茎が露出するまで表土を除いて、青葉の新芽の付け根から切り取る。

①は応急的処置で、②は本来の対処法である。

　以上のようにキメラ斑の個体を栽培する場合には、積極的な肥培管理によって増殖を図りながら、青葉の芽は早期に除去するという方法で対処している。（奥野　哉）

新芽2つ（奥の2枚の葉）が青葉で出ている。

青葉の芽を付け根から切り取る。

3ケ月後には株が充実した。

斑入りの芽だけを残した。

切り取った青葉の芽。

Chapter 5

ツワブキの育種

育　種

　ツワブキの育種が本格的に取り組まれるようになったのは近年のことで、自生地からの選抜株や栽培株の芽変わりなどを材料にして進められた。ところが当初作出された品種は、変異が著しくなったとはいえ、親の延長線上にあって、新たな形質まではみられなかった。

　最近では、これらを親にして更に交配が重ねられた結果、未知の形質をもつ次世代が作出され始めている。昇龍芸品種が普及し始め、本書において毛隈芸・子宝芸品種も新たに紹介されたこれからが、育種に取り組む絶好の機会である。

　交配は決して難しくないので、興味のある方は是非とも取り組んでいただきたい。

　以下では、主に形態芸品種の育種について解説し、斑入り品種については必要に応じて記す。

■染色体数

　ツワブキの野生株、野生株から見出された突然変異体や交配に由来する変異品種などの体細胞染色体数を調査したところ、京都府産の外見上は標準的な野生株1個体と組織培養変異の1個体を除き全て$2n=2x=60$であった。$2n=2x=60$とは、1つの体細胞中に30本で1セット（＝1ゲノム）の染色体組が2つある二倍体（$2x$）であって、合計60本の染色体がある、という意味である。種子植物の体細胞は複相（$2n$）であるが、倍数性は植物種によって異なる場合があるため、一般的に染色体数を表記するときには倍数性を省略して$2n=60$と示される。ちなみに四倍体のツワブキの場合は$2n=4x=120$という表現になる。

　また通常は$2n=60$の個体同士の交配であれば次世代が容易に得られるが、片親が$2n=59$などといった染色体が欠けた異数体との交配では次世代の作出が成功しない場合が多い。幸いにもツワブキは、ほぼ全ての個体の染色体が同数なので、交配によって容易に種子を得ることができる。

　なお自生地から見出された変異株や交配によって作出された変異株などでは染色体数に異常がみられなかったことから、ツワブキの変異は染色体の数的突然変異ではなく、遺伝子レベルでの突然変異に起因していると考えられる。

■親の選択と管理

　新たな形質は交配によって獲得するのが一般的である。枝分かれ芸と獅子芸の双方が発現する個体を作りたければ、各々の形質をもつ個体同士を交配するのが当然のことである。両親の持つ変異形質は親から子に遺伝する可能性はあるが、両親にないような形質はまず出現しない。新たな突然変異を期待しても発生する確率は非常に低く、望むような形質を作り出すことは期待できない。

　交配に当たってはまず次世代の形質を設定し、それに応じた親を選択する。選択を誤れば予測と異なる形質が発現するので注意が必要である。また優秀な個体が良い親になるとは限らない。筆者が用いる親は誰もが見向きもしない些細な芸であるが、その次世代は親よりはるかに著しい変異を発現させている。交配において人ができることは親の選択・授粉くらいで、最も重要な形質の組み合わせを決定する作業（個々の雌雄配偶子が親から受け継ぐ遺伝子の違いと、受精によるそれらの偶然の組合せ）はツワブキ任せになる。親選びが結果を左右するといっても過言ではない。

　それでは良い親、良い組み合わせはどうすればみつかるのだろうか。残念ながら、それはやってみなければ分からない。初めて取り組まれる方は、とりあえずご自身が思われる組み合わせを試していただきたい。そしてその結果を必ず記録することである。データが蓄積されると、当初不明であったことが徐々に分かるようになり、何れ適切な親を選択できるようになる。交配を継続し、データを解析することこそが成功への近道である。

　世代を重ねた交配株を親にすると、次世代に思いがけない形質が発現することがある。これはどちらかの親がもっている隠れた形質が表現型として出てきたのである。それを可とする場合は良いとし

て、目的とする形質だけを導入したければ、不要な形質をもつ親株は使わない方がよい。そういった観点からは、野生株からの選抜個体は、単一の形質をもっている場合が多いので利用価値が高い。

親株は作り込んで充実させることが大切である。芸の発現を目的とした小鉢での栽培を差し控えて、一回り大きな鉢でゆったりと栽培する。株に力がつけば、受粉後の受精も滞りなく完了し、採種まで辿り着ける。一方、親株が貧弱であれば、たとえ受精しても種子が完熟に至る前に花柄が倒れることが多い。

■花粉染色率

交配にあたっては、まず花粉稔性を確認する必要がある。花粉稔性とは花粉が正常に形成されている程度を意味しており、稔性が低いとせっかく受粉しても受精が起こりにくくなって、種子を得る可能性が低くなる。稔性があるかどうかは、開花中の筒状花をさわれば、指に黄色い花粉がつくことである程度知ることができる。しかし正確に稔性の割合を知るには、花粉の染色率を算定することが必要である。花粉にコットンブルー染色液を垂らし、顕微鏡下で、細胞質が青く染まった正常な大きさ・形の花粉が認められれば、稔性があるとみなす。厳密には染色された花粉の全てに稔性があるとは限らないものの、算定値は概ね信頼できる。具体的には花粉染色率が90%と算出された場合は、100個の花粉中90個に受精能力があると考えればよい。

野生株と形態芸品種の花粉染色率を調査した結果を示す。
・野生株168個体の平均値：93.9%
・獅子芸12品種の平均値：48.3%
・フギレ芸1品種の値：23.4%
・雨垂れ芸・枝分れ芸など75品種の平均値：91.3%

フギレ芸品種は1品種を除き、抽苔しないか開花しても無花粉であった。

このように獅子芸・フギレ芸品種の花粉染色率は相対的に低かったが、それら以外の品種は野生株と大差なく高かった。また獅子芸・フギレ芸品種の頭花は萎縮する傾向がみられたことから、頭花の形態と花粉染色率には相関関係があるかもしれない。なお形態芸品種の花粉染色率は草勢によって変化するようで、同じ品種でも株が充実している場合には高くなる傾向がみられた。斑入りの18品種の平均値は94.2%と野生株と同様に高い値であった。

■雌雄異熟

標準的なツワブキの頭花は、中心花が筒状で周辺花は舌状である。筒状花は両性花で雌しべと雄しべがあり、舌状花は単性花で雌しべしかない。

筒状花の中で筒状に繋がっている雄しべが成熟すると葯が内側で裂開し、花粉が中に湧き出てくる。

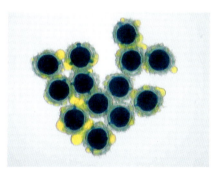

稔性が高いと考えられる：細胞質が青く染まり大きさ・形が正常な花粉がみられる。

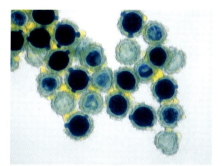

稔性が低いと考えられる：細胞質が染まらなかったり薄く染まったり、あるいは大きさ・形が正常でない花粉がみられる。

筒状花：左から右へと成熟する。

そして筒状花の中心にある雌しべの花柱の伸長に伴い、花粉が下から上に押し出される。この段階ではまだ雌しべは成熟していないので、花粉が花柱の先に付着しても受精することはない。雌しべは成熟すると花柱の先端が縦裂してT字状に開き、この内面が柱頭として受粉に機能するが、この頃には花粉の受精能力が失われているため、自家受精ができないようになっている。これを雌雄異熟という。

■ツワブキは他殖性

以上、雌しべと雄しべの成熟する時期の違いが自家受精を防いでいることを述べた。ところが1つの頭花の中では、小花が周辺から中心に向かって咲き進むため開花時期にずれがあり、同一頭花の異なる小花の花粉が柱頭に着くことがある。しかし袋掛けなどをして他の個体の花粉が着かないようにしておくと種子は得られない。また、株分けした同一の個体同志を最適のタイミングで授粉しても結実率が極めて低い。これらのことから、自家受精しない主な要因は、雌雄異熟であることだけではなく、むしろ自家不和合性（正常な花粉が同じ個体の正常な柱頭に受粉しても受精しない性質）にあると考えられる。ツワブキは他殖性である。

キク科の植物であるツワブキの交配は、栽培ギク（家ギク）の交配方法を参考にすればよい。初めに専門家が行っている交配方法を示すので、基本的な事柄を理解されたい。簡易的な方法は後述する。

■子房(母)親の管理と授粉前の袋掛け

栽培ギクの交配では、頭花が開き始めたら子房親の舌状花を抜き取るか、舌状花冠を切り取っている。これは正常な筒状花の数を増加させ結実率を高めるためである。

前述と異なる目的になるが、ツワブキでも舌状花の除去が有効な場合がある。縮咲きなどの変形した頭花では、筒状花冠が開かず、雌しべが花冠から出ない傾向がある。ところが舌状花を除去すると、花冠が開いて雌しべが露出する場合がある。このようなことから筆者は、変形した頭花については舌状花を除去している。

舌状花の除去後は、昆虫による意図しない花粉の運搬を防ぐために、頭花に袋を掛けて雌しべの展開を待つ。

袋は一般的にパラフィン紙製のものが使われるが、最近は通気性のよい他の素材を用いた製品も開発されている。撥水加工された果樹袋でも十分代用できる。

なお写真は正常な形の頭花であるが、解説のために舌状花を抜き取っている。

■花粉(父)親の管理と授粉

花粉は濡れると、吸水して破裂する原形質吐出が起こり、機能しなくなる。このため花粉親には雨避けを施すとともに、頭花が濡れないように管理する。また開花が始まると、花粉親の頭花にも、昆虫の飛来による花粉の混入を防ぐために袋掛けを行う。花粉が出始めたら袋を取り外し、頭花を軽く叩いて容器に花粉を落とす。集めた花粉を筆や綿棒に付着させ、雌しべにこすり付けて授粉する。これらの作業は晴天日の昼間に行うのがよい。なお花粉の寿命は短いので放出間もない新鮮なものを用い、その日のうちに使い切るようにする。

一方雌しべは寿命が長く、先端がT字状に開いてから暫くの間は授粉できる。

頭花。

子房親の舌状花冠を除去する。

袋を掛ける（果樹袋を代用）。

成熟した雌しべ。

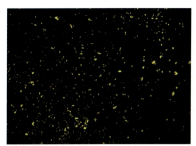
花粉。

採取した花粉と花粉を付着させた綿棒。

頭花を軽く叩いて容器に花粉を採取する。

授粉する。

 れば良い場所での管理に比べ7〜10日遅く開花する。この習性を利用して開花期をずらすことができる。開花を遅らせたい株は9月に入ったら陰で管理する。

なお著しい獅子芸・縮緬芸・甲龍芸・昇龍芸品種や充実していない株は、頭花が極端に委縮することが多い。このようになった頭花は概ね両性不稔で、子房親としても花粉親としても使えない。ただし草勢如何によっては、稔性のある小花を形成することもあるので、栽培に当たってはできる限り株を充実させるよう心掛ける。

■授粉における課題

ツワブキは通常10〜11月に開花する。中には早いもので9月中旬に、遅いものでは12月になってから開花するものもある。産地からみると南方産は北方産より、形態からみると達磨性石化品種などは標準的な葉柄の個体より開花が遅い。このため子房親と花粉親の開花期にずれが生じ、思い通りの組み合わせができないことが少なくない。

愛好家が簡単にできる対応策として次の2つが考えられる。

花粉の保存：前述のように花粉の寿命は長くはない。しかし乾燥状態で冷蔵すれば、徐々に受精能力は低下するものの3〜7日程度の受精能力保持期間を確保できる。

開花時期の調節：陽当たりの悪い場所で管理す

■授粉後の袋掛けと袋外し

授粉後は再び直ぐに袋を掛ける。袋には必ず油性ペンなどで交配親の名前などの情報を書くようにする。

袋掛け期間は、授粉していない雌しべが受精能力を失うまでの約2週間とする。袋を早く外すと、昆虫によって、授粉していない雌しべに花粉親とは異なる株の花粉が運ばれるおそれがある。

袋掛けの期間が過ぎ袋を外す時には、交配親や交配日などをラベルに記録しておく。

袋外しが面倒であれば放置しておいても問題はない。完熟種子の落下・飛散を防ぐために2月末〜3月初旬の完熟するまで袋を外さないでおくのも1つの方法である。ただし採種までの期間中に風によって花柄が折れないよう、支柱で支えたり、風を遮ったりする工夫が必要である。

以上では主に専門家が行っている親株の管理や授粉方法を示した。しかし愛好家にとってこの方法は煩雑かもしれない。そこで完璧ではないものの、授粉前後の袋掛けが不要な方法などを紹介する。

極端に委縮した頭花。

極端に委縮した頭花。

■ 簡易的な授粉方法
その1 蚊帳テントなどで管理する

簡易的といえども、昆虫の侵入を防ぎ、雨を遮る環境を整える必要がある。簡易温室やフレームに防虫網を張るのもよし、廉価なテント型の蚊帳を利用するのもよい。蚊帳は通信販売などで入手できる。簡易温室・フレームや蚊帳のサイズは、頭花が天井に届かない程度の高さであればどのようなものでもよい。

授粉の手順を示す。

① 子房親・花粉親ともに開花前からケースや蚊帳の中に移して管理する。
② 開花したら、成熟した雌しべがある子房親の頭花と花粉が押し出されている花粉親の頭花とを、柱頭が触れ合う程度に軽く擦り合わせる。これで授粉は完了する。
③ 授粉後も2週間程度はそのまま中で管理する。なお、テント型の蚊帳は作業が終了すれば翌年までたたんで収納できる。

テント型の蚊帳に入れた親株。

授粉：頭花を軽く擦り合わせる。

その2 離れた場所で管理する

これは専門家が秘かに行っている方法でもある。子房親と花粉親の鉢を栽培棚からできるだけ離れた場所に並べ置いて管理する。家の裏に栽培棚があれば表に置くとよい。ツワブキを栽培していない、離れた家の玄関先などで管理してもらうのはよりよい。ツワブキは昆虫を媒介して受粉を行う虫媒花で、風媒の可能性は低い。どこからともなく昆虫が飛んできて勝手に授粉してくれる。人による授粉とは違い終日花と花を行き来しているので、受精する可能性は非常に高い。ただしこの方法では、昆虫が別の株の花粉を授粉する可能性があるので、それを念頭に置いて得られた種子を取り扱う必要がある。

■ 採種

受精してから種子（正確には痩果：そうかと呼ばれる果実）が完熟するまでに3～4ヶ月間を要する。完熟までの期間は子房親によって異なるようで、形態芸が複雑になるほど総じて長い。更には開花期の差異によって受粉期が異なる。このようなことから完熟期を明確に示すのは難しいが、通常は2月下旬には殆どの種子が完熟している。未熟種子は黄緑色を帯びた乳白色で花托（花床）に付着しており、完熟種子は薄い茶褐色～茶褐色で少し触れれば自ずと脱落する。採種の経験がない方は、袋の上部を切って種子の状態を観察すればよいであろう。袋を外したままにしておくと、知らぬ間に種子が落下・飛散することがある。筆者の場合は、袋掛けで使用した袋を保管しておいて、1月中旬に再び袋を掛け、下部に隙間ができないようにテープで留めている。こうすることによって種子が袋からこぼれ落ちるのを防いでいる。

種子は完熟している。

種子は円柱形で長さが5〜10mmであるが、達磨性石化品種のようにより短い種子もある。初めて採種される方はしいな（受精しなかった種子や発芽能力を持たない種子）を正常な種子と間違えることがあるようだ。しいなは中身が無く簡単に折れるが、完熟種子は太く折れることはない。慣れれば簡単に見分けられる。採取した種子はチャック付き袋などに入れて、室内や冷蔵庫で保管しておく。顕著な形態芸品種は得られる種子の数が少ない傾向がある。

左の3粒：完熟種子、右の3粒：しいな。

■播種と発芽後の管理

筆者が行っている播種方法とその後の管理方法を示す。3月5日に採種し、3月13日に播種してから以降の生育過程を記録したものである。

種子は200穴のプラグトレーに播いている。プランターや鉢に播くと鉢上げ時に根が絡むので、その後の管理を考えるとプラグトレーが使いやすい。プラグトレーでの栽培期間を長くとる場合は、密植状態にならないよう72穴などの穴数が少ないものにする。

プラグトレーは穴の容積が小さいために乾燥しやすく、端にある穴は特によく乾く。保水性をよくするために細粒を用いるなど、通常より小粒の割合を高くする。最近は市販の播種用の用土を混合している。

湿らせた用土をピンセットなどで突いて播き穴を開け、約3mm程度の深さに種子が横たわるように置いてから覆土する。播種後には殺菌剤を散布する。立ち枯れ病が発生すると全滅するので殺菌は必須である。その後は明るい日陰で雨を遮って管理する。

早いものは2週間後に発芽し、その後次々と芽を出す。4週間後にはほぼ出揃い、4月18日頃には子葉が開ききった。

暫くは根が少なく貯水器官でもある根茎も形成されていない。成株に比べると乾燥に弱いので表土が乾いたら直ぐに灌水する。この頃から10日ごとに所定の1/5〜1/10濃度の液肥を与え、20日ごとに殺菌剤を同時に混入して施す。

4月下旬には本葉が出始め、5月初旬には本葉が出揃っている。

4月18日：子葉が開ききった。

4月25日：本葉が出始めた。

5月8日：本葉が出揃った。

■1回目の選抜

5月中旬ともなると本葉が固まるので、2〜2.5号鉢に鉢上げする。栽培スペースとその後の作業に限りがあることから、有望な形質が確認できた苗だけを選抜している。ただし達磨性石化芸などの品種は翌春にならなければ芸を見極められないため、全て鉢上げしている。幼苗時の芸は成株に

なっても発現する場合が多い。しかし全てがそうとばかりは言えず、幼苗期と成株期の芸が大きく異なる個体もある。それが選抜の難しさであり醍醐味であるのかもしれない。植え替え後の1週間程度は明るい日陰で管理し、その後は通常の棚に移す。

5月11日：2号鉢に鉢上げした。

7月18日：4号鉢に鉢上げする直前の状態。

5月11日：2号鉢に鉢上げした。

7月18日：4号鉢に鉢上げした状態。

7月25日：子葉が残っている。

■2回目の選抜

6月中旬～8月初旬にかけて、有望な個体を順次、更に大きな鉢に移し替えている。通常は4号鉢に、小型と予想される個体は3.5号鉢に、できる限り根鉢を崩さず植え込む。根鉢が崩れた場合を除き、植え込み後は直ぐに栽培棚に出している。栽培が適切であれば、7月末頃まで子葉が残っている。（写真右列）

■3回目以降の選抜

10月中旬には、本芸が発現し始め、この段階から本格的な選抜・淘汰が始まる。播種した年はおおよその形質を把握できるものの、見極めるにはまだ早い。その後は最短で次の1年間、通常は2～3年間の観察を継続しながら選抜している。また播種年に抽苔するものが約10～30％みられる。ただしまだ小苗で草勢が伴わないため、授粉しても受精しない。播種年に親として使うことは無理なようだ。

達磨性石化品種はまだ芸の兆しがみえだす程度である。花物は開花してから選抜する。
「育種は捨てること」と言われている。実際そうしなければ瞬く間に鉢数が増えて、管理が行き届かなくなるので、思い切って淘汰することをお勧めする。

次に3回目の選抜を通過した個体を幾つか挙げて、2回目の選抜時の生育状況と比較する。

CASE 1　縮緬・甲龍芸の個体

選抜の根拠／縮緬・甲龍芸品種は通常、春に本芸になり、秋の芸は弱くなる。しかしこの個体は常に顕著な芸を発現させている。また1株で8枚以上の葉を維持している。この形質が安定することを期待し選抜した。

7月30日撮影、播種日から139日後。

10月1日撮影、播種日から202日後(4号鉢)。

CASE 2　縮緬・甲龍・昇龍・枝分れ芸の個体

選抜の根拠／枝分れする昇龍は新しい形質と考えられるので選抜した。今後も著しく変化すると予測している。少なくとも次年の秋までは観察を継続する必要がある。

9月7日撮影、播種日から178日後。

11月13日撮影、播種日から245日後(4号鉢)。

CASE 3　縮緬・甲龍・昇龍芸の個体

選抜の根拠／子葉から出た1枚目の本葉から昇龍芸が現れたので選抜した。秋だけでなく通年に渡る昇龍芸の発現を期待している。

8月7日撮影、播種日から147日後。

10月22日撮影、播種日から223日後(4号鉢)。

CASE 4　縮緬・甲龍・昇龍芸の個体

選抜の根拠／昇龍の数が非常に多いので選抜した。既に得ている昇龍芸品種を超えることを期待している。

7月30日撮影、播種日から139日後。

10月12日撮影、播種日から213日後(4号鉢)。

CASE 5　姫・縮緬・甲龍・昇龍芸の個体

選抜の根拠／姫芸と昇龍芸を同時に発現させる個体は未だ得ていないので選抜した。この段階では昇龍の数・長さが不足している。より顕著な芸になると品種の水準に達するであろう。継続した観察が必要である。

7月30日撮影、播種日から139日後。

10月12日撮影、播種日から213日後(4号鉢)。

CASE 7　星斑・縮緬・甲龍・昇龍芸の個体

選抜の根拠／昇龍芸に加えて、常に鮮明な星斑が発現している。また丈夫で育てやすい。今後が楽しみな個体である。

7月30日撮影、播種日から139日後。

11月3日撮影、播種日から235日後(4号鉢)。

CASE 6　星斑・縮緬・甲龍芸の個体

選抜の根拠／春の葉に現れる星斑は数が多く面積も大きいが、秋になっても春の葉のような星斑を維持する品種は少ない。この個体は子葉の段階から大きく鮮明な星斑を発現させたので選抜した。甲龍芸がより顕著になれば更に良い。

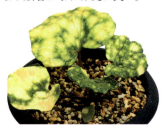

7月30日撮影、播種日から139日後。

11月13日撮影、播種日から245日後(4号鉢)。

選抜で残した獅子・珊瑚芸の個体(群)

2回目の選抜では23個体を、3回目は下の2個体だけを残した。

10月24日撮影、播種日から225日後。2回目の選抜。

11月20日撮影、播種日から252日後3回目の選抜。

CASE 8

選抜の根拠／前頁右下の左の個体である。この交配の次世代の中で、姫の形質を持つものが1個体だけ得られた。葉柄が硬く倒れにくいだけでなく、雨垂れ・珊瑚芸が顕著なため選抜した。

10月12日撮影、播種日から213日後。

11月25日撮影、播種日から257日後（3.5号鉢）。

CASE 9

選抜の根拠／前頁右下の右の個体である。葉柄は硬く葉が倒れないだけでなく、1株で20枚程度の葉を維持することから選抜した。春には著しい珊瑚芸が発現するであろう。

8月21日撮影、播種日から161日後。

11月25日撮影、播種日から257日後（3.5号鉢）。

選抜における留意点

筆者は選抜に当たって以下を基準にしているが、各々任意に設定されればよい。

葉物・花物に共通した基準　・強健であること　・葉柄が硬く、支えがなくても倒れないこと

葉物の基準　・1株で5枚以上の葉を維持すること　・芸の発現が安定していること

花物の基準　・1本の花柄で10輪以上、できれば15輪程度の頭花を付けること

■種内交配における形質の遺伝

次世代に親の形質が遺伝するか否か、以下は筆者が確認したことである。
- 子房親・花粉親の形態変異形質はともに遺伝する。
- キメラの覆輪斑・中斑はほぼ遺伝しない。
- 非キメラの星斑・曙斑は遺伝することがあるが、金環斑は遺伝しない。
- 遺伝する確率は親の組み合わせによって異なる。

■種間交配

ツワブキ属にはツワブキ（*Farfugium japonicum*）とカンツワブキ（*F. hiberniflorum*）の2種がある。カンツワブキの染色体数はツワブキと同じく$2n=60$で、どちらを子房親にした交配でも種子が得られる。交配方法はツワブキに準じる。

形態芸品種のツワブキを子房親にすると、稀に変異形態が遺伝することがある。'屋久姫'（P181）、'屋久の幻'（P182）がその例で、園芸的に興味深い個体の作出が期待できる。

■倍数体の作出とその特性

試験管内で無菌的に育てた二倍体の'金環'を、コルヒチン0.05％を添加した1/2MS液体培地で24時間振盪処理した後、1/2MS寒天培地に移植し培養した。

移植後に出た根は、それまでに出た根に比べ顕著に太くなったことから、先端部の細胞が倍加したことが伺えた。しかしコルヒチン処理前の部位は二倍性で、そのまま馴化すればキメラの個体になることが懸念された。そこで二倍性の組織を排除するために、数回の移植時に下部組織を切除した結果、最終的に同質四倍体（$2n=4x=120$）が得られた。

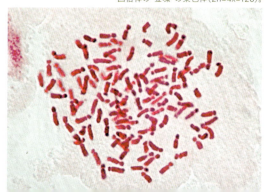

四倍体の'金環'の染色体（$2n=4x=120$）。

以後の栽培を通して、次のことが分かった。

①四倍体は二倍体と比較して、葉が厚く大きく、頭花も大きい。

左：二倍体の金環、右：四倍体の金環。

二倍体の'金環'の頭花。

四倍体の'金環'の頭花。

②四倍体は子房親としても花粉親としても利用できる。

③四倍体から採れる種子は、二倍体から採れる種子より大きい。

また四倍体と他品種の二倍体との正逆交配を試みたところ、どちらを子房親にしても種子が得られ、三倍体（2n＝3x＝90）を作出できた。なお'金環'の四倍体と二倍の交配では結実がみられなかった。二倍体の自家受粉と同様に、自家不和合性によるものと考えられる。

四倍体を得るためには、植物組織培養で使用する機材があれば便利である。多くの方にとって実際に取り組むことは難しいと思われるが、倍加による育種を志される方には参考にされたい。

以上、人為的ではあるがツワブキの四倍体や三倍体が存在することを報告しておく。

■命名

ツワブキには異名同品種が余りにも多い。'芭蕉扇'と'奄美'、'開聞'と'白波'など、挙げれば切りがない。これは他所から入手した個体を各々が命名し流通させたことに原因がある。既に名がある品種に改めて別名を与えるのは論外として、無名の個体であれば流通させる際に命名するのは致し方なかったのかもしれない。問題はあちらこちらで同様のことがなされて、同じ品種に異なった名が付けられた結果、愛好者の混乱を招いていることである。最初に命名しておけば防げたかもしれない。

そこで混乱を避けるため、以下のことを提案したい。

1 交配株だけでなく、野生株からの変異個体・栽培中の芽変わりなど、自分だけが栽培されている優秀な個体は、命名してから他者に渡す。

2 他所から入手した個体は、元株を所有する方の承諾を得ないで命名しない。

3 品質の劣る個体に命名することは慎む。名品は他者に渡して以降は独り歩きし、名が付いているだけで愛好者が期待するものである。名品には愛好者が納得するだけの品質が求められている。

Column ——————————————————————————————— 13

種間雑種

　開花期に頭花をこすり合わせることでA：ツワブキとB：カンツワブキとの交配を試みたところ、C：ツワブキ(♀)×カンツワブキ(♂)では78個体、D：カンツワブキ(♀)×ツワブキ(♂)では56個体の次世代を得た。
CとDを比較した結果を示す（♀は子房親、♂は花粉親）。
●カンツワブキの葉に見られる斑のような模様は、Cでは1個体に薄く現れただけであったが、Dでは31個体に認められた。
●Cは全ての個体がツワブキとカンツワブキとの中間的な形態であったのに対し、Dでは⑤や⑥のようにカンツワブキに酷似した個体が46個体あった。
　以上のように、ツワブキを子房親にした個体群は雑種の形態を示したが、カンツワブキを子房親にした個体群では、雑種の形態を示す個体がある一方、外見上カンツワブキそのものと思われる個体も見られた。カンツワブキを子房親にした場合は自殖子孫が得られる可能性がある。

全草

A：ツワブキ　　B：カンツワブキ

C：ツワブキ(♀)×カンツワブキ(♂)　　D：カンツワブキ(♀)×ツワブキ(♂)

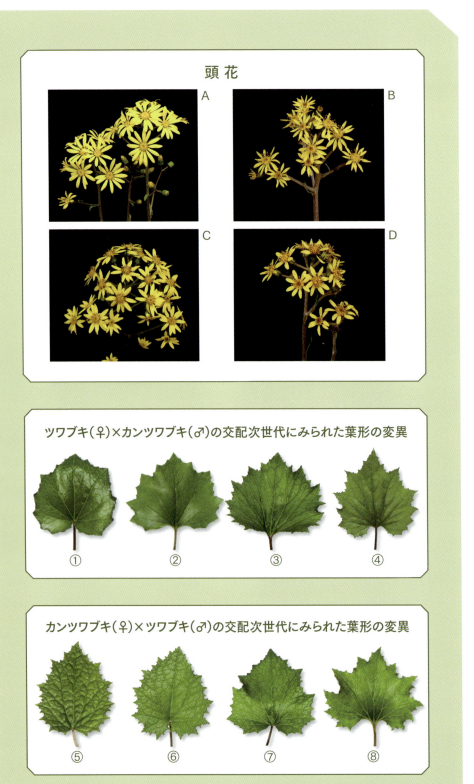

頭花

ツワブキ(♀)×カンツワブキ(♂)の交配次世代にみられた葉形の変異

カンツワブキ(♀)×ツワブキ(♂)の交配次世代にみられた葉形の変異

用語など索引

P34〜70、72〜73の用語とその同義語を掲載。

ア行

- 青軸(アオジク)……………… 34
- 青葉(アオバ)………………… 34
- 秋芸(アキゲイ)……………… 34
- 秋の葉(アキノハ)…………… 34
- 曙斑(アケボノフ)…………… 57
- 後暗み(アトグラミ)………… 57
- 後冴え(アトザエ)…………… 57
- 雨垂れ(アマダレ)………… 44,48
- 網斑(アミフ)………………… 56
- 網目斑(アミメフ)…………… 56
- イボ …………………………… 43
- 受け(ウケ)…………………… 38
- 打込み(ウチコミ)…………… 43
- 内斑(ウチフ)………………… 54
- 内巻き(ウチマキ)…………… 39
- うぶ斑(ウブフ)……………… 54
- 裏巻き(ウラマキ)…………… 49
- 枝分れ(エダワカレ)……… 51,59
- 襟巻き(エリマキ)…………… 35
- 表巻き(オモテマキ)………… 49

カ行

- 唐子咲き(カラコザキ)……… 60
- 管状花(カンジョウカ)……… 34
- 季節性の斑(キセツセイノフ)… 57
- キメラ斑(キメラフ)………… 74
- 麒麟(キリン)………………… 52
- 金環斑(キンカンフ)………… 55
- 管咲き(クダザキ)…………… 61
- 芸(ゲイ)……………………… 34
- 毛隈(ケグマ)………………… 46
- 剣(ケン)……………………… 37
- 甲龍(コウリュウ)…………… 41
- 子宝(コダカラ)……………… 47
- 五目(ゴモク)………………… 37
- 子持ち(コモチ)……………… 42

サ行

- 盃(サカズキ)………………… 36
- 珊瑚(サンゴ)………………… 46
- 地(ジ)………………………… 34
- 地合い(ジアイ)……………… 34
- 獅子(シシ)…………………… 45
- 尻尾(シッポ)………………… 52
- 周辺花(シュウヘンカ)……… 34
- 小花(ショウカ)……………… 34
- 昇龍(ショウリュウ)………… 42
- 心花(シンカ)………………… 34
- スクリュー …………………… 38
- 条斑(スジフ)………………… 56
- 鈴虫剣(スズムシケン)……… 44
- スプレー ……………………… 59
- 石化(セッカ)………………… 50
- 舌状花(ゼツジョウカ)……… 34
- 千重咲き(センエザキ)……… 60
- 外巻き(ソトマキ)…………… 39

タ行

- 帯化(タイカ)…………… 51,59,64
- 多芸(タゲイ)………………… 34
- 達磨性石化(ダルマショウセッカ)
  ……………………………… 50
- 段芸(ダンゲイ)……………… 34
- 縮咲き(チヂミザキ)………… 63
- 千鳥咲き(チドリザキ)……… 62
- 茶筌咲き(チャセンザキ)…… 64
- 矮鶏(チャボ)………………… 35
- 中心花(チュウシンカ)……… 34
- 丁字咲き(チョウジザキ)…… 61
- 猪口(チョコ)………………… 36
- 散り斑(チリフ)……………… 56
- 縮緬(チリメン)……………… 41
- 通年芸(ツウネンゲイ)……… 34
- 角(ツノ)……………………… 47
- 爪(ツメ)……………………… 48
- 天冴え(テンザエ)…………… 57
- 筒状花(トウジョウカ)……… 34

ナ行

- 中斑(ナカフ)………………… 54
- 波(ナミ)……………………… 40
- 並葉(ナミバ)………………… 34
- 並花(ナミバナ)……………… 34
- 後暗み(ノチグラミ)………… 57
- 後冴え(ノチザエ)…………… 57

ハ行

- 掃込み斑(ハケコミフ)……… 54
- 花物(ハナモノ)……………… 34
- 葉物(ハモノ)………………… 34
- 春芸(ハルゲイ)……………… 34
- 春の葉(ハルノハ)…………… 34
- 半管咲き(ハンクダザキ)…… 62
- 非キメラ斑(ヒキメラフ)…… 74
- 姫(ヒメ)……………………… 35
- フギレ ………………………… 45
- 覆輪くずれ斑(フクリンクズレフ)
  ……………………………… 53
- 覆輪斑(フクリンフ)………… 53
- 辺花(ヘンカ)………………… 34
- 星咲き(ホシザキ)…………… 61
- 星斑(ホシフ)………………… 55
- ぼた斑(ボタフ)……………… 55
- 蛍斑(ホタルフ)……………… 55
- 牡丹(ボタン)………………… 45
- 牡丹斑(ボタンフ)…………… 55
- 本芸(ホンゲイ)……………… 34

マ行

- 脈斑(ミャクフ)……………… 56

ヤ行

- 柳(ヤナギ)…………………… 36
- 幽霊斑(ユウレイフ)………… 54

ラ行

- 羅紗(ラシャ)………………… 40

品種名索引

P78〜205の品種を掲載。

ア行

- 青珊瑚(アオサンゴ) …… 136
- 秋曙(アキアケボノ) …… 196
- 飛鳥(アスカ) …… 127
- 天霧(アマギリ) …… 129
- 雨垂れ(アマダレ) …… 170
- 天照(アマテラス) …… 120
- 漁火(イサリビ) …… 123
- 和泉山吹(イズミヤマブキ) …… 201
- 伊都姫(イトヒメ) …… 78
- イボ芸の個体 …… 111
- 雲珠(ウズ) …… 131
- 渦潮(ウズシオ) …… 114
- 渦達磨(ウズダルマ) …… 177
- 雲海(ウンカイ) …… 144
- 雲龍獅子(ウンリュウジシ) …… 81
- 黄彗(オウスイ) …… 121
- 鶯羅(オウラ) …… 85
- 大鳳(オオトリ) …… 157
- 小田絞り(オダシボリ) …… 186
- 小田錦(オダニシキ) …… 193
- 踊子(オドリコ) …… 80
- 鬼爪(オニヅメ) …… 167
- 鬼童(オニワラベ) …… 91
- 折鶴(オリヅル) …… 83
- 織姫(オリヒメ) …… 153

カ行

- 開聞(カイモン) …… 191
- 花宴(カエン) …… 122
- 鏡獅子(カガミジシ) …… 126
- 篝火(カガリビ) …… 100
- 陽炎(カゲロウ) …… 162
- 風雲(カザグモ) …… 159
- 火山烽(カザンホウ) …… 82
- 華燭(カショク) …… 158
- 亀丸(カメマル) …… 111
- 唐楓(カラカエデ) …… 179
- 夏龍(カリュウ) …… 98
- 祇園(ギオン) …… 195
- 祇園小町(ギオンコマチ) …… 95
- 紀州獅子(キシュウジシ) …… 110
- 紀州錦(キシュウニシキ) …… 187
- 鬼面(キメン) …… 91
- 極翔(キョクショウ) …… 175
- 玉琳(ギョクリン) …… 163
- 煌(キラメキ) …… 122
- 霧雲(キリグモ) …… 89
- 麒麟樹(キリンジュ) …… 183
- 極(キワミ) …… 161
- 金環(キンカン) …… 190
- 銀月(ギンゲツ) …… 185
- 巾着達磨(キンチャクダルマ) …… 177
- キント雲(キントウン) …… 168
- 孔雀達磨(クジャクダルマ) …… 179
- 孔雀丸(クジャクマル) …… 162
- 熊野獅子(クマノジシ) …… 109
- 群龍牡丹(グンリュウボタン) …… 109
- 渓翠(ケイスイ) …… 150
- 蛍竜(ケイリュウ) …… 90
- 蛍凛(ケイリン) …… 117
- 華厳(ケゴン) …… 152
- 月輪(ゲツリン) …… 173
- 玄海獅子(ゲンカイジシ) …… 164
- ゲンコツ …… 173
- 剣山(ケンザン) …… 154
- 玄武兜(ゲンブカブト) …… 106
- 黄炎(コウエン) …… 150
- 光彩(コウサイ) …… 186
- 荒神(コウジン) …… 132
- 黄楓(コウフウ) …… 120
- 黄竜(コウリュウ) …… 169
- 光琳(コウリン) …… 180
- 黄金月(コガネヅキ) …… 192
- 悟空(ゴクウ) …… 97
- 黒龍(コクリュウ) …… 169
- 御所車(ゴショグルマ) …… 148
- 胡蝶(コチョウ) …… 147

サ行

- 彩宝(サイホウ) …… 151
- 薩摩白雪(サツマシラユキ) …… 188
- 薩摩牡丹(サツマボタン) …… 113

五月雨(サミダレ)	192
珊瑚芸の個体	137
潮騒(シオサイ)	166
四国神龍(シコクシンリュウ)	168
獅子芸・斑入りの個体	117
紫宸殿(シシンデン)	181
雫獅子(シズクジシ)	126
七福(シチフク)	190
東雲(シノノメ)	119
島風(シマカゼ)	159
秋渓(シュウケイ)	146
翔鶴(ショウカク)	81
白涛(シラナミ)	205
不知火(シラヌイ)	96
白浜獅子(シラハマジシ)	114
神華(ジンカ)	165
水煙(スイエン)	156
朱雀(スザク)	143
昴流(スバル)	147
星海(セイカイ)	202
星嵐(セイラン)	139
青龍角(セイリュウカク)	180
星龍獅子(セイリュウジシ)	133
星稜郭(セイリョウカク)	153
瀬戸錦(セトニシキ)	188
線香花火(センコウハナビ)	88
千寿(センジュ)	199
千手達磨(センジュダルマ)	176
千変万化(センペンバンカ)	141
蒼海(ソウカイ)	145

タ行

大社白(タイシャシロ)	205
橙色花の個体	203
宝船(タカラブネ)	138
竜頭(タツガシラ)	92
珠獅子(タマジシ)	159
珠碧(タマミドリ)	144
玉響(タマユラ)	130
達磨獅子(ダルマジシ)	172
淡翠(タンスイ)	200
端雪(タンセツ)	163

散り斑・甲龍芸の個体 A	87
散り斑・甲龍芸の個体 B	87
散り斑・甲龍芸の個体 C	88
散り斑の個体 A	194
散り斑の個体 B	194
散り斑の個体 C	195
佃島(ツクダジマ)	85
剣の舞(ツルギノマイ)	83
天山(テンザン)	177
天星(テンボシ)	189

ナ行

波千鳥(ナミチドリ)	200
仁王(ニオウ)	95
烽火(ノロシ)	99

ハ行

白翠冠(ハクスイカン)	184
白泉流(ハクセンリュウ)	166
白鳥(ハクチョウ)	196
白馬(ハクバ)	204
芭蕉扇(バショウセン)	189
八角雨龍(ハッカクウリュウ)	170
花重(ハナガサネ)	124
花飛沫(ハナシブキ)	133
ピエロ	171
飛燕(ヒエン)	125
彼岸獅子(ヒガンジシ)	138
羆(ヒグマ)	143
毘沙門(ビシャモン)	96
聖(ヒジリ)	124
飛蝶(ヒチョウ)	98
飛天(ヒテン)	157
雛金剛(ヒナコンゴウ)	140
秘宝(ヒホウ)	107
姫楓(ヒメカエデ)	79
姫クローバー(ヒメクローバー)	179
姫珊瑚(ヒメサンゴ)	79
姫達磨(ヒメダルマ)	174
白虎系の個体 A	94
白虎系の個体 B	94

平獅子(ヒラジシ)	116	萌黄錦(モエギニシキ)	184
閃(ヒラメキ)	187		
福寿牡丹(フクジュボタン)	127	**ヤ行**	
福満凌(フクマンリョウ)	169		
福緑(フクミドリ)	135	八重麒麟(ヤエキリン)	198
富士達磨(フジダルマ)	178	八重蛍(ヤエボタル)	198
紅珊瑚(ベニサンゴ)	116	屋久の幻(ヤクノマボロシ)	182
変化網(ヘンゲモウ)	193	屋久姫(ヤクヒメ)	181
鳳凰柳(ホウオウリュウ)	97	八雲(ヤクモ)	118
宝珠(ホウジュ)	164	山嵐(ヤマアラシ)	99
宝扇(ホウセン)	135	山笠(ヤマガサ)	128
鳳麟(ホウリン)	128	八岐大蛇(ヤマタノオロチ)	103
星乙女(ホシオトメ)	119	槍千本(ヤリセンボン)	102
星鏡(ホシカガミ)	145	友禅(ユウゼン)	86
星車(ホシグルマ)	119	雪紅変化(ユキベニヘンゲ)	113
星達磨(ホシダルマ)	175	雪紅牡丹(ユキベニボタン)	112
蛍狩り(ホタルガリ)	149	夢三彩(ユメサンサイ)	187
蛍灯(ホタルビ)	86	鷹山(ヨウザン)	80
蛍舞(ホタルマイ)	132	妖精(ヨウセイ)	78
牡丹獅子(ボタンジシ)	115		
布袋(ホテイ)	171	**ラ行**	
梵天(ボンテン)	84		
雪洞(ボンボリ)	201	雷神(ライジン)	84
		雷電(ライデン)	155
マ行		爛月(ランゲツ)	125
		琉王(リュウオウ)	195
舞獅子(マイジシ)	112	竜顔(リュウガン)	90
勾玉(マガタマ)	130	竜宮(リュウグウ)	154
斑の大蛇(マダラノオロチ)	108	竜虎(リュウコ)	93
真鶴(マナヅル)	151	竜神(リュウジン)	152
豆珊瑚(マメサンゴ)	79	龍泉の舞(リュウセンノマイ)	104
万寿(マンジュ)	197	龍爪(リュウソウ)	101
岬山吹(ミサキヤマブキ)	204	竜宝(リュウホウ)	167
乱竜虎(ミダレリュウコ)	93	緑雲(リョクウン)	160
緑姫(ミドリヒメ)	115	緑王冠(リョクオウカン)	105
緑丸(ミドリマル)	89	緑環(リョクカン)	191
深雪錦(ミユキニシキ)	197	緑翠剣(リョクスイケン)	82
妙(ミョウ)	118	緑星(リョクセイ)	193
美吉野(ミヨシノ)	134	霊峰(レイホウ)	149
夢幻(ムゲン)	142	黎明(レイメイ)	129
無双達磨(ムソウダルマ)	176		
叢雲(ムラクモ)	92		
紫達磨(ムラサキダルマ)	171		

あとがき

30年ほど前にツワブキの園芸品種'鬼面'に出会いました。皺だらけの葉を見たとき、その不思議さに驚いたことが今でも思い出されます。以来、主に形態変異品種の収集に取り組んだものの、当時は品種数も少なく、情報も少なかったため、暗中模索の状態が続きました。

数年後には少ないながらも特徴のある品種が揃ったので、次は育種に取り組むことにしました。初めての交配は'鏡獅子'בい鬼面'でしたが、その年は種子が稔ることがなく、翌年もまた失敗しました。後にわかりましたが、'鏡獅子'は低稔性の品種だったのです。ともあれ、もしこの時に採種まで漕ぎつけていたら、本書は誕生しなかったと思います。

なぜ種子を得られないのか、原因は幾つか考えられました。それを解明するために、まずは育種の基礎となる研究を始めました。とはいえ筆者はその頃、植物の組織培養が専門で、植物育種全般を網羅する知識を持ち合わせていませんでした。そうした時に出会ったのが、細胞遺伝学を専門とされ、本書のChapter1の「ツワブキの歴史」とChapter2の「ツワブキの植物学」を担当して下さった中田政司博士：富山県中央植物園 園長です。以来、博士のご協力を得ながらツワブキの染色体・減数分裂・花粉稔性に関する研究を進めることで、徐々に様々な疑問を解き明かすことができました。こうした一連の研究の結果、今では自由自在とまでは言えずとも、ほぼ思い通りの交配ができるようになりました。これらの研究内容は主にChapter5「ツワブキの育種」で紹介しています。また植物育種学を専門とされている神戸敏成博士：富山県中央植物園企画情報課 課長とは組織培養による斑の安定性について共同研究を行いました。この内容はコラム：キメラ斑と非キメラ斑、斑の分類に記しています。

そしてこれらの研究を導いていただき、ご助言やご批評をくださったのが、我が師 三位正洋博士：千葉大学 名誉教授です。本書では巻頭言を寄せてくださいました。

育種は単独で進めました。ツワブキは近年に一時的なブームがあったものの長くは続きませんでした。その大きな原因は、類似の変異をもつ個体が多く品種の同定が難しいこと、言いかえれば、特徴のある品種が少ないことにあったと思われます。しかしそれは似た品種間での交配を繰り返したことによる必然の結果であって、親の組み合わせさえ変えれば今までにない形質をもった特徴のある品種を作りだすことが可能です。ツワブキの変異形質は多様で、潜在力が高いことは間違いありません。育種はまだ黎明期です。今後も引き続き魅力的な新品種の作出が進められ、ツワブキ園芸が活性化することを願ってやみません。

本の制作においては様々な困難がありましたが、最も時間を費やしたのは写真撮影です。栽培品種を主に10余年も撮り溜めた末、気がつけば10,000点を超えてしまいました。新品種は毎年誕生しますので、今後も記録として撮り続けるつもりです。

本書の出版にあたっては、前述の方々の他、荻巣樹徳氏（大阪府豊中市）には古典園芸植物としてのツワブキについて貴重なご意見を伺い、塚脇利一氏（大阪府泉佐野市）には撮影用に'群龍牡丹'・'紀州錦'・'白虎'系の個体の提供を、片山泰雄氏（徳島県名西郡神山町）にはオオツワブキの植栽地について多くの情報を、久志博信氏（千葉県富里市）には斑入りの分類についての助言をいただきました。

また、福原達人博士：福岡教育大学教授には、痩果の写真の使用を許可いただきました。
皆様に心より感謝申し上げます。

最後になりますが、本書の出版を快諾していただいた誠文堂新光社 小川雄一社長、ならびに本書の企画から発刊までの全ての場面でご尽力をくださった同 農耕と園芸 黒田麻紀編集長と、限られた時間の中、不休の努力をしてくださった編集担当の高山玲子氏に厚く御礼申し上げます。

平成29年4月10日 桜満開の夜

奥野 哉

引用・参考文献

和書（復刻・現代語訳を含む）

- 飯沼慾斎. 1862. 草木図説. 前篇, 草部.
- 岩崎灌園. 1828. 本草図譜. 巻之十五, 湿草部.
- 荻原千鶴. 1999. 出雲国風土記 全訳注（講談社学術文庫）. 講談社.
- 小野蘭山. 1847. 本草綱目啓蒙. 巻之十二, 湿草下.
- 貝原益軒. 1694. 花譜. 巻之下.
- 貝原益軒. 1694. 大和本草. 巻之九, 草之五.
- 清原重臣. 1827. 有毒草木図説. 前.
- 寺島良安. 1712. 和漢三才図会. 九十四之末, 湿草類.
- 正宗敦夫（編纂校訂）. 1926. 本草和名（2007年オンデマンド版）. 覆刻日本古典全集. 現代思潮社.
- 水谷豊文. 1809. 物品識名. 乾.
- 水野忠暁. 1829. 草木錦葉集. 後編, 巻之五.
- 水野元勝. 1681. 花壇綱目. 網上.

分類学・園芸学

- Chen, Y. L., Liu, Y., Yang, Q. E., Nordenstam, B. & Jeffrey, C. 2011. *Sinosenecio*. Wu, Z.Y., Raven, P. H. & Hong, D. Y. (eds.), Flora of China Vol. 20 – 21. Asteraceae. Science Press and Missouri Botanica Garden Press.
- Editorial Committee of Flora Reipublicae Popularis Sinicae (eds.). 2013. Flora of China Illustrations. Vol. 20 – 21. Science Press and Missouri Botanica Garden Press.
- Fortune, R. 1860. Notes on some Chinese plants recently introduced to England. Gardener's Chronicle. 170.
- 降旗道雄・広瀬嘉道. 1981. ツワブキ. ガーデンライフ11月号. 誠文堂新光社
- 花にんき編集委員会（編）. 2001. ツワブキ 葉変わり 斑入り 最先端の至芸. 花にんき2. 流出版
- 初島住彦. 2004. 九州植物目録. 鹿児島大学総合研究博物館研究報告, No. 1. 鹿児島大学総合研究博物館,
- Hooker, J. D. 1862. *Ligularia Kaempferi* var. *aureo-maculata*. Curtis's Botanical Magazine. Tab. 5302.
- 飯沼慾斎（著）・牧野富太郎（増訂）. 1913. 増訂草木図説　4輯. 草部. 成美堂.
- 石井勇義. 1953. つわぶき属. 園藝大辞典 第4巻. 誠文堂新光社.
- 鹿児島県環境生活部環境保護課（編）. 2003. 鹿児島県の絶滅のおそれのある野生動植物　植物編　―鹿児島県レッドデータブック―. 財団法人鹿児島県環境技術協会.
- 環境省自然環境局野生生物課希少種保全推進室. 2015. レッドデータブック2014　―日本の絶滅のおそれのある野生生物 8 植物Ⅰ. ぎょうせい.
- 柏岡精三・荻巣樹徳. 1997. 石蕗. 絵で見る伝統園芸植物と文化. アボック社出版局.
- 木島正夫. 1986. 蒪吾. 北村四郎（監修）本草図譜総合解説1. 同朋社出版.
- 木村陽二郎. 1988. つはぶき. 図説草木辞苑. 柏書房.
- 木村陽二郎・大場秀章（監修）. 1994. シーボルト旧蔵日本植物図譜コレクション和文解説篇. 丸善.
- Kitamura, S. 1939a. Expositiones Plantarum Novarum Orientali-Asiaticarum 4. Acta Phytotaxonomica et Geobotanica 8: 75 – 90.
- Kitamura, S. 1939b. Emendanda. Acta Phytotaxonomica et Geobotanica 8: 268.
- 北村四郎. 1982. ツワブキ. 北村四郎選集Ⅰ 落葉. 保育社.
- 北村四郎. 1985. 款冬花と蒪吾. 北村四郎選集Ⅱ 本草の植物. 保育社.
- 北村四郎・冨永　達・溝口正也. 1989. ツワブキ属. 園芸植物大事典3. 小学館.
- Koyama, H. 1995. *Farfugium*. Iwatsuki. K., Yamazaki, T., Boufford, D. E. & Ohba, H. (eds.), Flora of Japan Vol. IIIb. Kodansha.
- Lindley, J. 1857. New plants 190 *Farfugium grande*. Gardener's Chronicle. 4.
- 李　永魯. 1996. 原色韓国植物図鑑. 教学社
- Liu, J.Q. 2004. Uniformity of karyotypes in Ligularia (Asteraceae: Senecioneae), a highly diversified genus of the eastern Qinghai–Tibet Plateau highlands and adjacent areas. Botanical Journal of the Linnean Society 144: 329–342.
- Liu, S. W. & Illarionova, I. D. 2011. *Farfugium*. Wu, Z.Y., Raven, P. H. & Hong, D. Y. (eds.), Flora of China Vol. 20 – 21. Asteraceae. Science Press and Missouri Botanica Garden Press.
- Liu, Z.Y., Liu, Y & Yang Q.E. 2011. *Sinosenecio nanchuanicus* (Asteraceae), a new species amall in size yet high in chromosome number from Chongqung, China. Botanical Studies 52: 105 – 113.
- 牧野富太郎. 1916. 款冬ハふきニ非ズ. 植物研究雑誌 1: 15 – 18.
- 牧野富太郎. 1940. 日本植物図鑑. 北隆館.

▶ 松田　修. 1971. 風土記の植物. 植物と文化2. 八坂書房.
▶ 大場秀章(監修). 1995. シーボルト旧蔵・日本植物図譜展. 展覧会カタログ. 小田急美術館.
▶ Ohba, H., Tchernaja, T. A. & Pankratova, G. N. 1994. Catalogue of the Siebold Collection of Botanical Illustrations in St. Petersburg. Siebold's Florilegium of Japanese Plants, Vol.2, 57－306pp.
▶ 奥野　哉. 2008. ツワブキ. 農業技術大系 花卉編 第9巻 追録第10号. 農山漁村文化協会.
▶ 奥野　哉. 2011. 多芸品種も登場したツワブキ. 最新農業技術花卉 Vol. 3. 農山漁村文化協会.
▶ Okuno, H., Godo, T., Nakata, M. & Mii, M. 2010. Stability of variegation in plants propagated by tissue culture of three variegated cultivars of *Farfugium japonicum* (Asteraceae). a Japanese traditional ornamental plant. Plant Biotechnology 27: 393－399.
▶ 奥野　哉・中田政司・三位正洋. 2007. 古典園芸植物ツワブキ－歴史と現存品種－. 富山県中央植物園研究報告 12: 19－35.
▶ Peng, C. I. & Chung, S. W. 1998. *Farfugium*. Editorial Committee of the Flora of Taiwan (eds.), Flora of Taiwan Second ed. Vol. 4. Editorial Committee of the Flora of Taiwan.
▶ 斎木保久. 1973. カンツワブキとヤクシマツワブキ. 北陸の植物 21: 8-13.
▶ 最新園芸大辞典編集委員会(編). 1983. ツワブキ属. 最新園芸大辞典 第4巻. 誠文堂新光社.
▶ 杉本順一. 1984. 静岡県植物誌. 第一法規.
▶ 鵜飼保雄. 2003. 植物育種学. 東京大学出版会
▶ 横井政人・広瀬嘉道. 1979. 原色斑入り植物写真集. 誠文堂新光社
▶ 蕭　培根(主編). 1992－1993. 中国本草図録 巻1～別. 中央公論社

形態学・細胞遺伝学

▶ 荒野久男. 1962. 邦産キク亜科植物の細胞学的研究 Ⅷ. サワギク族の核型分析. 植物学雑誌75: 401－410.
▶ Hsu, C.C. 1970. Preliminary chromosome studies on the vascular plants of Taiwan (III). The Aster Family, Compositae. Taiwania 15: 17－29.
▶ Ishikawa, M. 1916. A list of the number of chromosomes. Bot. Mag. Tokyo 30: 404－448.
▶ Liu, J.Q. 2001. Karyomorphology of *Farfugium japonicum* (Asteraceae: Senecioneae) and its systematic implication. Acta Bot. Boreali.-Occident. Sin. 21(1): 159－163.
▶ Masters, M.T. (ed: Sonpura, A.). 2009. Plant Teratology. Dominant Publishers and Distributors
▶ 宮城朝章. 1971. 沖縄産種子植物の染色体数(I). 沖縄生物学会誌8: 14－23.
▶ 西山市三. 1994. 植物細胞遺伝工学. 内田老鶴圃
▶ 大橋広好. 2016. 植物学用語 peduncle と pedicel の日本語用語. 植物研究雑誌 91: 195－204.
▶ Okuno, H., Nakata, M., Mii M. & Shiuchi, T. 2005. A note on the karyotype of *Farfugium japonicum* (Asteraceae). Journal of Phytogeography and Taxonomy 53: 191－195.
▶ Okuno, H., Nakata, M. & Mii, M. 2009. Cytological studies on wild *Farfugium japonicum* (Asteraceae). Chromosome Science 12: 27－33.
▶ Okuno, H., Nakata, M. & Mii, M. 2011. Stable chromosome number in horticultural cultivars of *Farfugium japonicum* (Asteraceae), with descriptions of their morphological characteristics. Chromosome Science 14: 53－62.
▶ 蘇　応娟・劉　啓宏. 1995. 活血蓮的核型分析. 武漢植物学研究13: 18－20.

民俗学・薬学

▶ 木島正夫・柴田承二・下村　孟・東　丈夫(編). 1991. 廣川 薬用植物大事典. 廣川書店.
▶ 「日本の食生活全集 愛媛」編集委員会. 1988. 日本の食生活全集38 聞き書 愛媛の食事. 農山漁村文化協会.
▶ 「日本の食生活全集 鹿児島」編集委員会. 1989. 日本の食生活全集46 聞き書 鹿児島の食事. 農山漁村文化協会.
▶ 「日本の食生活全集 高知」編集委員会. 1986. 日本の食生活全集39 聞き書 高知の食事. 農山漁村文化協会.
▶ 「日本の食生活全集 熊本」編集委員会. 1987. 日本の食生活全集43 聞き書 熊本の食事. 農山漁村文化協会.
▶ 「日本の食生活全集 三重」編集委員会. 1991. 日本の食生活全集24 聞き書 三重の食事. 農山漁村文化協会.
▶ 「日本の食生活全集 宮崎」編集委員会. 1991. 日本の食生活全集45 聞き書 宮崎の食事. 農山漁村文化協会.
▶ 「日本の食生活全集 長崎」編集委員会. 1985. 日本の食生活全集42 聞き書 長崎の食事. 農山漁村文化協会.
▶ 「日本の食生活全集 大分」編集委員会. 1992. 日本の食生活全集44 聞き書 大分の食事. 農山漁村文化協会.
▶ 「日本の食生活全集 佐賀」編集委員会. 1991. 日本の食生活全集41 聞き書 佐賀の食事. 農山漁村文化協会.
▶ 奥田拓男(編). 1986. 天然薬物事典. 廣川書店.

【執筆者紹介】

奥野　哉（おくの はじめ）
1954年大阪府生まれ。
千葉大学大学院園芸学研究科において学位取得。博士（農学）。
技術士（建設環境）。
植物組織培養による種苗の生産及び微生物による有用物質の生産を手掛ける。
大阪府堺市在住。
専門は花卉園芸学、応用微生物学、環境アセスメント、自然環境の保全。
Chapter 1, 2共同執筆／3, 4, 5執筆。コラム1, 4, 7～13執筆。

中田政司（なかた まさし）
1956年愛媛県生まれ。
広島大学大学院理学研究科博士課程中退。博士（理学）。
富山県中央植物園園長。
富山県富山市在住。
専門は植物細胞遺伝学、植物細胞分類学、植物多様性の保全。
Chapter 1, 2 共同執筆。コラム2, 3, 5, 6執筆。

staff
装丁・デザイン：代々木デザイン事務所
写真提供：草間祐輔（P215）
図版：プラスアルファ
編集：高山玲子

栽培管理・育種・歴史・多様な変異形質がわかる

ツワブキ

NDC627

2017年9月15日　発　行

著　者　奥野　哉（おくの はじめ）

発行者　小川雄一
発行所　株式会社 誠文堂新光社
〒113-0033　東京都文京区本郷3-3-11
編　集　TEL03-5800-3625
販　売　TEL03-5800-5780
http://www.seibundo-shinkosha.net/
印刷・製本　図書印刷 株式会社

©2017, Hajime Okuno.
Printed in Japan
検印省略
万一乱丁・落丁本の場合はお取り換えいたします。
本書掲載記事の無断転用を禁じます。

本書のコピー、スキャン、デジタル化等の無断複製は、著作権法上での例外を除き、禁じられています。
本書を代行業者等の第三者に依頼してスキャンやデジタル化することは、たとえ個人や家庭内での利用であっても著作権法上認められません。

JCOPY <（社）出版者著作権管理機構 委託出版物>
本書を無断で複製複写（コピー）することは、著作権法上での例外を除き、禁じられています。
本書をコピーされる場合は、そのつど事前に、（社）出版者著作権管理機構
（電話 03-3513-6969／FAX 03-3513-6979／e-mail:info@jcopy.or.jp）の許諾を得てください。

ISBN978-4-416-51766-6